O MISTÉRIO DE TUDO

OSVALDO DELLA GIUSTINA

O MISTÉRIO DE TUDO

O MISTÉRIO DE TUDO

AUTOR: Osvaldo Della Giustina

DIRETOR DA ALMEDINA BRASIL
Rodrigo Mentz

EDITOR DE CIÊNCIAS SOCIAIS E HUMANAS E LITERATURA
Marco Pace

ASSISTENTES EDITORIAIS
Isabela Leite e Larissa Nogueira

ESTAGIÁRIA DE PRODUÇÃO
Laura Roberti

REVISÃO
Equipe da Daboit Textos

DIAGRAMAÇÃO E CAPA
Officio

ISBN: 9786587017822
Dezembro, 2022

Dados Internacionais de Catalogação na Publicação (CIP)
(Câmara Brasileira do Livro, SP, Brasil)

Giustina, Osvaldo Della
O mistério de tudo / Osvaldo Della Giustina. --
São Paulo, SP : Minotauro, 2022.

ISBN 978-65-87017-82-2

1. Ciência e religião 2. Filosofia e ciência
3. Mistérios 4. Reflexões 5. Teologia I. Título.

22-128464 CDD-215

Índices para catálogo sistemático:
1. Ciência e religião 215
Eliete Marques da Silva - Bibliotecária - CRB-8/9380

Este livro segue as regras do novo Acordo Ortográfico da Língua Portuguesa (1990).

EDITORA: Almedina Brasil
Rua José Maria Lisboa, 860, Conj.131 e 132, Jardim Paulista | 01423-001 São Paulo | Brasil
www.almedina.com.br

Existe grande número de livros sagrados, consagrados por diversos povos e culturas, bem como diversas versões da Bíblia. Os textos bíblicos citados neste livro foram extraídos da Bíblia Sagrada, traduzida dos originais mediante versão dos monges de Maredsou, Bélgica, traduzida para o português pelo Centro Bíblico Católico e editada em sua 52ª edição pela Editora Ave Maria, São Paulo, 1957.

APRESENTAÇÃO

Quando a espécie humana surgiu em tempo remotos, o processo de evolução deu um salto na forma como vinha acontecendo. As espécies animais nasciam do pó, procriavam e voltavam ao pó, sem que nenhuma transformação fosse perceptível de uma para outra geração.

Segundo o autor de "O Mistério de Tudo", o fato é que, de repente, uma nova espécie nesse processo, desenvolveu uma nova forma de ser e de viver, criou uma nova forma de se comunicar, uma nova linguagem e, o essencial, passou a se auto perceber, como indivíduo independente dos outros, criando em consequência, códigos de conduta, separando o bem do mal, enfim passando a existir em outra esfera, ou num outro mundo que a separou definitivamente das outras espécies. Essa espécie tinha sido dotada de um novo atributo: a Consciência.

Para as perguntas levantadas desde então e trazidas à reflexão até hoje, milhões de anos depois, e mesmo sabendo que "*em tudo há o Mistério,*" o autor volta-se à busca de respostas, instigando o leitor a que o acompanhe nesta longa e complexa viagem:

Como, ou porque esta transformação aconteceu? De onde surgiu a Consciência, de onde viemos e para onde vamos? O que é o universo que nos rodeia, de onde vem? O que somos nós, afinal, *criaturas à imagem e semelhança* de quem nos criou? Terá havido um Criador e nos terá ele criado para sofrer e fazer sofrer? Como se explica que querendo o bem, frequentemente fazemos o mal? Tudo será por acaso, ou haverá um projeto que dê sentido a toda a criação, ao universo e tudo o que ele contém, ao homem e seu destino? Se há o mal, ou se o mal existe e se constitui numa ameaça constante sobre toda a espécie humana, haverá um projeto de redenção, para que sobre o mal possa prevalecer o bem? Se não o vemos, onde está, ou qual será esse projeto?

São todas perguntas cujas respostas, ou mistérios insondáveis, o leitor vai poder ir descobrindo junto com o autor que, como insiste em dizer, tem absoluta consciência de que as opções referentes a cada resposta ou a cada mistério, pertencem a cada um, mas tem a certeza, também, de que cada um que fizer com ele este caminho, sairá divisando maiores horizontes, ou com as mentes e os corações enriquecidos.

No entanto, esse processo de perguntas e respostas, contém em si uma dialética, na qual cada resposta gera uma nova pergunta, e é por esta razão que o livro busca somar as conclusões das ciências experimentais, nas quais ele se põe como um "contumaz aprendiz", da teologia, na qual ele se põe como um "eterno neófito", mas reivindicando para si sua condição essencial de "filósofo, cuja lógica" o ajudou a responder "à revelação "e assumir e preservar a fé.

Nesse esforço o autor imagina criar uma sintonia em que cada um desses conhecimentos contribui com alguma coisa para o crescimento do outro:

"*O conhecimento das ciências experimentais dá à fé sua dimensão relacionada às coisas quantitativas. A filosofia busca sua natureza, ou essência. Mas a fé dá à Ciência e à Filosofia sua dimensão transcendente. Desta forma elas se harmonizam e se completam*", diz e conclui:

"*O conhecimento experimental, ou a filosofia, não são a fé. A fé é a aceitação do conhecimento revelado, ou do Mistério. A fé é a opção por crer, por aceitar, ainda que não se compreenda, ou exatamente porque não se compreende.*"

O autor, pois, não vê oposição entre essas várias formas de conhecimento, assume, confessamente, cada uma delas como suas opções e, confessamente, as oferece ao leitor, deixando a cada um o exercício absoluto de suas próprias opções, de acordo com suas próprias condições, suas circunstâncias, sua vontade, ou o que lhes ditar a consciência.

Filósofo, educador, jornalista e escritor, Osvaldo Della Giustina é alguém que dispõe de vasto repertório intelectual, reunido ao longo de mais de sessenta anos de estudos e reflexões, desde seu curso de filosofia, iniciado no Seminário maior de Viamão, RS, e concluído na PUC do Rio Grande do Sul juntamente, com a formação em jornalismo. Com uma carreira diversificada em todos os níveis de atuação profissional, em Santa Catarina onde nasceu, em Brasília e com passagens em vários Estados e missões desempenhadas em outros Países, somando assim múltiplas experiências, sempre expostas e debatidas, centenas de artigos acadêmicos publicados no Brasil e no exterior sendo, ainda, autor de duas dezenas de livros em português, alguns deles traduzidos para inglês, francês e russo.

Com toda esta riqueza acumulada, foi amadurecendo sua proposta de organização social para contribuir na evolução da própria espécie humana e de sua forma de convivência em uma dimensão cada vez mais humanizada, dimensão que ele caracteriza como Participativa e Solidária no rumo da construção de uma civilização amorizada.

Em sua bibliografia percorreu um longo caminho até chegar a essa proposta, caminho que, iniciou em 1982, com o livro *A IDADE DO HOMEM, Fundamentos para uma Nova Ordem Social*, seguido no ano 2000 na virada do século, com *Por Humanização da Sociedade, A REVOLUÇÃO*

DO TERCEIRO MILÊNIO e em 2004, com *PARTICIPAÇÃO E SOLIDARIEDADE, A Revolução do Terceiro Milênio* (*II*). Enfim, em 2019, ofereceu uma elaborada síntese dessa trilogia com *Por Uma Civilização Participativa e Solidária, A PROPOSTA.*

Agora o 'Professor Osvaldo', como é carinhosamente chamado por aqueles que têm o privilégio de desfrutar de seu convívio, completa sua obra com esta reflexão sobre o homem ou a espécie humana, ciente de que as estruturas sociais, ou as civilizações, constituem produto da espécie humana, são a expressão dos seres humanos que a constituem. Então, como ele mesmo confessa, de certa forma "coroando sua obra", brinda seus leitores com este novo desafio: *O MISTÉRIO DE TUDO: das Ciências Experimentais e da Filosofia à Teologia, à Revelação e à Fé*, título que ele completa, como numa confissão: As Razões de Minha Fé.

O Mistério de Tudo constitui uma instigante combinação das conclusões da Ciência Experimental, com a lógica da Filosofia e os conteúdos da Revelação a partir da Bíblia e da Teologia, que fizeram somar a todo o processo de evolução sua adesão à fé.

Com esta abordagem múltipla, onde o autor transita com desenvoltura, o livro traz uma significativa contribuição ao sempre atual debate sobre a relação entre o saber científico e a fé, e guia o leitor numa jornada emocionante através de uma nova forma de pensar os mistérios da vida, do homem e do universo.

Ao término do livro, Osvaldo, o humanista, confessa sua emoção ao, caminhando por duas estradas diferentes, a da trilogia sobre a organização da civilização e sua síntese a PROPOSTA (*caminhando pela via das ciência experimentais, com um pouco de filosofia*), e o caminho percorrido por este "MISTÉRIO DE TUDO" (*vindo através da fé, pelos caminhos da Teologia e da Revelação, com bastante lógica da filosofia*), como essas duas estradas vieram a se encontrar num mesmo ponto, ou no rumo de um mesmo objetivo: a construção de uma sociedade mais justa e humana, que ele chama de mais Participativa e Solidária, e repetindo, no rumo de uma Civilização amorizada, termo buscado na antropologia de Teilhard de Chardin, que considera seu mestre.

Para o autor este encontro da ciência e da fé na civilização amorizada demonstra que se torna inevitável o advento da nova Civilização para o mundo que virá. E virá necessariamente diferente de tudo o que foi visto ou vivido na história, e virá necessariamente após os avanços da Ciência e da Tecnologia a partir dos valores da Massa de Consciência, como os denomina, valores coincidentes com a Mensagem de Cristo, o Redentor, que pôs em seu centro, ou na sua essência, o maior de todos os mandamentos: *O Amor que resume toda lei e os profetas.*

Enfim, reforçando o alerta do Autor, O MISTÉRIO DE TUDO não é um livro de religião, no sentido tradicional da palavra, mas uma reflexão que o levou (e agora oferece aos que o acompanharem) a penetrar o essencial do sentido da vida, da espécie humana e do universo, neste momento da evolução em que a Civilização busca novos degraus para construir os patamares seguintes da história da espécie humana e da civilização.

Valério Azevedo

JORNALISTA E ESCRITOR

INTRODUÇÃO

As reflexões que ofereço a seguir fundamentam a minha fé. Ofereço-as com uma breve referência ao que dizem as ciências experimentais, com a aplicação da lógica da filosofia e, ainda, com a visão da teologia, formas de conhecimento que considero coerentes entre si, as ciências experimentais, com a lógica da filosofia e com a teologia que nos interpreta ou nos leva à Revelação e a Revelação que nos fundamenta a fé.

A Revelação, pois, deve ser considerada um instrumento ou um método de conhecimento, que não se confunde com o conhecimento da ciência experimental, ou com o conhecimento lógico da filosofia ou mesmo com as interpretações da teologia. Na verdade, mais além da teologia, quando somos confrontados com o Mistério, ou as essências, só na Revelação haveremos de encontrar respostas e é nesta dimensão que a Revelação se impõe como fundamento da fé.

Espero que tais conceitos e seus caminhos, bem entendidos, possam contribuir de algum modo aos que, junto comigo, refletirem sobre suas próprias indagações, postura esta, a indagação, que mais do que qualquer outro atributo, caracteriza os seres humanos.

A esses, os que indagam, convido-os a acompanharem essas reflexões, porque considero as buscas tão importantes quanto os encontros ou as descobertas, sobretudo quando as buscas dizem respeito ao essencial de nossa existência, onde só a indiferença seria um gesto menos humano e por isto a se lamentar.

Meu objetivo, no entanto, não é induzir ninguém, a aderir a esses conceitos e suas opções, mas é apenas esclarecer as razões de minha Fé, mesmo porque a riqueza da Civilização que buscamos é a diversidade e a compreensão das razões da diversidade constitui o pressuposto da convivência harmônica, sendo que a convivência harmônica na diversidade, por sua vez, é o próprio vestíbulo do Amor, ou da Civilização amorizada, que a espécie humana, ou o divino Projeto da Criação, busca construir.

Assim, ao reunir os vários níveis do conhecimento, desejo contribuir às especulações, à curiosidade e às angustias de muitos e também às indiferenças dos poucos, procurando ser fiel à essência do conhecimento e da fé, embora consciente, ou exatamente porque consciente, sabendo que em tudo resta o Mistério. Ou mais propriamente, sabendo que a fé existe, tem sentido e se torna necessária, porque existe o Mistério.

O conhecimento da Ciência experimental, também da Filosofia, não é a fé. A fé é a aceitação do Conhecimento Revelado, do Mistério. A fé é a opção por crer, por aceitar, ainda que não se compreenda, ou exatamente porque não se compreende.

Por isto, a fé não é irracional nem o conhecimento se esgota na experiência ou na lógica. O conhecimento da Ciência experimental dá à fé sua dimensão relacionada às coisas quantificáveis. A Filosofia busca sua natureza ou sua essência, mas a fé ilumina e dá à Ciência e à Filosofia sua dimensão transcendente. Desta forma elas se completam.

Longe de mim, porém, por um ou por outro caminho, querer explicar tudo. Desejo apenas convidar à reflexão aquilo que entendo explicável, aberto a aceitar que em tudo existe o inexplicável e que o Mistério é inerente às limitações da nossa natureza.

Meu convite se dirige a todos, mas especialmente aos que buscam assumir esta plena dimensão humana, além das coisas, de percorrer o caminho do conhecimento elevado, esse caminho, à sua dimensão transcendente, para além das coisas

Ao longo dessas reflexões, por muitas vezes ficou evidente, para mim, que imaginar que sabemos tudo, ou que qualquer nível da ciência explica tudo, e que tudo pode ser desvendado ou explicado, revela principalmente falta de percepção, ou falta de fé (da Graça) em relação ao essencial das coisas, e de como elas são em sua natureza. Este seria um equívoco semelhante ao de se imaginar que, ficando a ver a superfície das ondas a partir da praia, se conhecesse toda a dimensão do oceano – o que, evidentemente, evidenciaria apenas uma satisfação ou um orgulho oculto, cego ao essencial, pois que a dimensão do oceano só pode ser entendida quando, além das ondas e da superfície, se for capaz de penetrar sua profundidade e sua extensão.

Embora essas equívocas interpretações possam ser dolorosas de se admitir, honestamente, é preciso concordar que elas existem, consciente ou inconscientemente, em todos os seres humanos. Inconscientemente em alguns, explicitamente em muitos.

Os seres humanos... O que são os seres humanos diante da complexidade das espécies, da passagem do tempo, do espaço e da eternidade ou da imensidão do universo, ou daquilo que é o seu oposto, o nada? Ou poderá existir algo além do tempo e do espaço?

À medida que considerarmos os seres humanos, a espécie humana, os únicos seres conscientes do universo (o que é possível que sejam, embora não tenhamos provas evidentes), esta solitária existência seria um primeiro Mistério. Certo é que, segundo o Livro do Gênesis, o primeiro livro da Bíblia amplamente difundida e aceita por grande parte das culturas, Deus entregou ao homem a terra e tudo o que nela existe para que dela se ocupasse, cuidasse dela e a completasse, dando continuidade à obra da criação.

Nesta percepção, nossa existência, enquanto única espécie consciente do Planeta Terra, (ou seriamos únicos no universo?) Significaria dar aos seres humanos uma enorme dimensão e também uma imensa responsabilidade. Digo mais.

Seguramente significaria que estamos apenas na pré-história da espécie humana e isso nos obrigaria a perguntar sobre o que seremos no futuro, ou o que será a espécie humana no futuro. Esta hipótese, a de sermos a única espécie consciente do universo e, portanto, de estarmos apenas na nossa pré-história, também daria um novo sentido quase transcendental, à conquista do espaço, além das fronteiras do Planeta. E digo ainda mais.

Ao nos dirigirmos ao espaço, fora do nosso Planeta, ou de nosso sistema, mesmo, aparentemente, não havendo neste momento sequer um sentido prático à pergunta, insisto – que forma teremos, ou de que forma ocuparemos esse novo universo? O que levaremos para ele, a vida ou a destruição, o amor ou o ódio, a guerra ou a paz, mensageiros que somos, *feitos à imagem e semelhança do Criador*, (Gênesis 1:26) que nos quis associar a seu projeto universal da criação? Que espécie de semente seremos?

Dessa hipótese e de tantas outras, se impõem uma série de perguntas.

– Teria dimensão suficiente esta espécie, a espécie humana, para assumir a responsabilidade sobre o Universo? Ou teria Deus imaginado, ao criá-la *à sua imagem e semelhança*, compartilhar com ela essa responsabilidade e, portanto, dar-lhe as condições e os meios correspondentes?

Quais seriam essas condições? De quais meios disporia? Ou Deus deixaria tudo para que o homem descobrisse e desenvolvesse o necessário para seu aperfeiçoamento e o aperfeiçoamento do Planeta? Ou do Universo?

Ou teria deixado, o Criador, os instrumentos necessários, ou algum projeto a se cumprir com essa dimensão? Ou seria suficiente dar-lhe a Consciência?

– O Universo... de onde terá vindo o universo? Para onde há de ir? Quando iniciou e quais hão de ser seus limites? Ou será que jamais iniciou, não tem limites e existirá por si mesmo, sem fim nem começo?

– O que significa a espécie humana no universo e para o universo? De onde veio essa espécie e para onde vai? Como se posicionam a ciência experimental, a filosofia, ou a teologia, a revelação e a fé, diante da dimensão humana? Podem conviver harmoniosamente tais formas de conhecimento? A partir delas é possível se obter alguma resposta?

– Se admitido que o universo não teve começo nem terá fim nem limites, isto não nos levaria a admitir que ele – o universo, não tendo as características essenciais de toda matéria conhecida: a forma, o tempo e o espaço, o começo e o fim, como parte de tudo o que pode ser visto, sentido, apalpado (ou ao menos interpretado ainda que apenas por equações matemáticas que o definam) – neste caso de o Universo estar além dessas características, não teria ele a mesma natureza que é atribuída ao espírito? Não seria o universo seu próprio deus?

– Não vejo como possa ser aceita esta contradição de um ser material que deva negar sua própria natureza deixando de ser o que é para explicar-se. Esta impossibilidade nos obriga a admitir a existência de uma Ser absoluto em outra ordem, a ordem fora do universo do tempo e do espaço, ou seja, de um Ser por natureza essencialmente independente do espaço, do tempo e, portanto, Absoluto nesta ordem, a ordem do Espírito, Este ser poder explicar a origem do universo?

– Isto admitido, como aceitar a concepção da Bíblia, que este Ser de outra ordem a quem se pode, por ser de outra ordem, atribuir a criação do universo, tenha concebido uma espécie "*à sua imagem e semelhança*", mas que, apesar dessa semelhança, sofre e é capaz de fazer sofrer, pratica o bem, mas pratica também o mal? se o mal se insere de alguma forma na natureza dessa espécie, *feita à imagem e semelhança* de seu Criador, acaso se justificaria que o Criador deixasse essa espécie perder-se em definitivo, ou a lógica nos obrigaria a esperar, ou admitir, a existência do um projeto de Redenção, capaz de salvar a criação de tão trágico destino?

– Se a lógica nos leva a admitir a existência desse Projeto Redentor, como teria de ser esse projeto? como se realizaria? qual e como seria nele a participação da espécie humana? afinal, qual o sentido da espécie humana, para onde caminha essa espécie, desde sua aparição no Projeto da Criação até o futuro, ou até o fim dos tempos se é este seu destino e, nesta perspectiva, qual o sentido, ou o destino final do próprio universo? ou não existirá nem destino, nem final, para a espécie nem para o universo e tudo há de permanecer indefinidamente assim, sem explicação? Apenas perguntas sem resposta?

– Ou vale a busca de respostas? Neste caso, até onde serão possíveis as respostas, e onde começará a lógica de aceitação do Mistério e, em consequência, na busca das respostas, há de se impor sempre o Mistério?

– Enfim, onde começa, como se desenvolve e onde se conclui a busca da ciência experimental e da filosofia, da teologia ou da revelação e da fé? Onde se estabelece o espaço de cada uma e onde o espaço de colaboração ou complementação entre si, caso exista esse espaço nesta busca comum? Ou esta busca não será jamais comum?

Como se vê, não são poucas as perguntas. Ainda mais considerando que além dessas, existem muitas outras que, como haveremos de ver, surgirão à medida que caminharmos nessa reflexão, ou nessa busca...

Em resumo, o objetivo deste livro, junto com aqueles que desejam buscar respostas para o mundo das essências e das transcendências, isto é, do que vai além do que aparece, das superfícies e seus Mistérios escondidos, bem como com os que aceitam penetrar nos limites que nos permite a Consciência, é o encontro com os Mistérios de tudo e, ultrapassando as ciências experimentais e a filosofia, a busca das repostas da teologia ou o encontro com o *conhecimento revelado*, fonte da fé, de sua aceitação, ou de sua rejeição

O texto a seguir considera, portanto, que todas essas formas de conhecimento precisam ser consideradas, não necessariamente para obter respostas de tudo, mas para dar a dimensão real do que pode ser entendido e dos Mistérios que estão à nossa volta e dos quais somos parte, ou nos quais estamos imersos. Desta forma, a ideia é que possamos nos entender um pouco melhor sobre como realmente somos, como é o universo, onde vivemos e que sentido tem, ou até onde pode nos levar a teologia, a revelação e a fé. Ou quê horizontes elas nos podem abrir, além dos que limitam nossa visão puramente quantitativa, material?

Afirmo, porém que seria um equívoco ver nessas reflexões um livro de teologia, ou de religião. Desejo que este livro seja apenas uma introdução a um conhecimento de caráter transcendental capaz de abrir horizontes...abrir horizontes.... Sobre a fé, refiro apenas minha opção individual, possuída e expressa como uma confissão, ou como uma vitrine oferecida aos que a quiserem olhar, conhecer e compartilhar ou não. Concordar, aceitar ou não, é uma opção absolutamente individual, porque, embora haja uma só verdade, para alcançar a verdade podem existir diversos caminhos. Melhor no entanto, seria se forem escolhidos os melhores caminhos. Neste livro ofereço a escolha de meu "caminho, verdade e vida", ou seja, ofereço as razões da minha fé.

Sobre a fé, em si, concluo mais uma vez com o alerta para o fato de que ela não é consequência do conhecimento da ciência experimental ou mesmo da lógica filosófica. Para aceitar o que conhecemos pela ciência não necessitamos da fé, basta a ciência. Necessitamos da fé para aceitar aquilo que não conhecemos através da ciência, onde a ciência não chega, ou seja, diante do Mistério.

Onde a Ciência não chega nos é oferecida a Revelação, da qual a teologia é a intérprete, uma outra espécie de conhecimento que vem d'Aquele que, estando além de tudo o que pode ser experimentado, nos abre os horizontes da fé. Para os que a aceitarem, a fé lhes ajudará a conhecer, ou iluminar os caminhos do existir e do ser e, seguramente, lhes abrirá horizontes, amplos e novos horizontes...

Ao descobrir, ou melhor, ao chegar a entender, ainda que minimamente, a ciência, os diversos níveis do conhecimento, incluindo a revelação e a fé, se há de ver que cada uma dessas esferas da Consciência, na limitação de cada uma, se podem fortalecer mutuamente. Teremos então consciências, ou seres humanos na maior plenitude,

Quero dizer, no entanto, que esse enriquecimento só acontece se, como pressuposto, estivermos abertos, despidos de preconceitos para com uma ou para com outra, a ciência ou a fé. E tanto mais delas receberemos, em conhecimento ou em visão de horizontes, se as buscarmos, ambas, a ciência e a fé,

Pessoalmente, quero dizer também que, em relação às ciências experimentais sou apenas um eterno aprendiz; em teologia não sou além que um permanente neófito. Reivindico, porém, a condição essencial de filósofo, que me ajudou a responder à revelação e a assumir e perseverar a fé, expondo-a nesta vitrine.

Enfim, registro que, para o êxito desta busca, às vezes há necessidade de suficiente humildade. O escritor francês Léon Bloy (1846-1917), um dos grandes convertidos à fé católica, no começo do século passado, costumava dizer: "*minha fé é a de um camponês bretão. Mas se minha fé fosse absoluta e plena ela seria igual a de uma camponesa bretã*".

Talvez devamos chegar apenas à fé de um camponês bretão, sem ultrapassar. Mas essa escolha quem a deve fazer não é este livro. A escolha é de cada um, de sua busca, de sua aceitação, de sua rejeição, ou de até onde ir.

De toda forma, estou seguro que o livro, a quem o refletir isento de preconceitos, abrirá caminhos para um aprofundamento do significado de existir, de seus conteúdos essenciais e das razões que justificam percorrer o caminho e aderir a fé, ou não, por opção da Consciência de cada um, seguramente enriquecida por ter feito o caminho.

Eventualmente espero que possa ajudar nesta opção, ou na oferta de alguma resposta às dúvidas, ou às angústias, se as houver, a perspectiva das sábias palavras de S. João XXIII, o Papa bom: *bisogna vedere tutto, fare quel che se puó fare e l'altre cose, lasciare a Dio* (*é necessário ver tudo, fazer o que se pode fazer e deixar para Deus as outras coisas*).

Osvaldo della giustina

EM MAIO DE 2021

Sumário

PARTE 1

O MISTÉRIO DO UNIVERSO

1. Da infinitude ou da eternidade do Universo

1.1. O que dizem as Ciências experimentais

Os antigos imaginavam o universo das mais diferentes formas, primitivos como eram seus conhecimentos, mas que, àquela altura, devem ter atendido às suas indagações, as mesmas que ainda nos fazemos alguns milênios depois, apesar de tudo o que já foi visto e descoberto.

Para os antigos Hindus, por exemplo, a terra era uma meia esfera transportada por três elefantes carregados por uma tartaruga, percepção que os Vedas completaram acrescentando que era carregada por um número infinito de elefantes. Evidentemente tais percepções não passavam de mera crença a partir da sacralidade atribuída a esses animais.

Já os Egípcios propunham uma solução mais racional, acreditando que a terra provinha de um enorme ovo inicial que explodiu. Essa cosmogonia afirmava que outras explosões se seguiram e seus estilhaços formaram o universo, sendo as estrelas as almas dos mortos. Apesar das limitações de seus fundamentos científicos, não há como não relacionar essa ideia com a moderna teoria do big-bang, a explosão primordial que se supõe tenha dado origem ao universo.

De outra parte, os Chineses, dos mais antigos povos que legaram suas interpretações filosóficas desde milênios antes de Cristo, valiam-se dos astros para uma serie de conhecimentos práticos, como estabelecer calendários e determinar épocas propícias para a semeadura ou a colheita.

Os Gregos, voltados à busca da sabedoria, procuraram respostas na filosofia. Platão propunha que o universo fosse gerado pelo pensamento dando vida à imagem, teoria que Aristóteles, preferindo afirmar o real, completou propondo que nos limites do universo deveria existir alguma espécie diferente de matéria, pois o nada, não podendo existir, impunha admitir a existência exterior de outro tipo de universo. Também não há como não aproximar esse pensamento da moderna teoria dos buracos negros, da antimatéria, dos universos paralelos ou da dimensão do espírito, além do espaço e do tempo.

A partir dos séculos XV e XVI, ao término da Idade Média, o Renascimento promoveu, na Europa ocidental, uma intensa retomada das especulações filosóficas surgidas na Antiguidade Clássica. A disseminação dessa linha de pensamento progressivamente abrandou a influência dos dogmas religiosos e do misticismo sobre a cultura e a sociedade, promovendo uma crescente valorização da racionalidade, da natureza e da ciência.

Ao longo desse processo – nessa região do mundo e a este tempo – o ser humano passou a ocupar o centro da Criação, e nesse ambiente de muitas dúvidas e interrogações surgiu aquilo que chamamos de Ciência Moderna, uma forma de explicar os fenômenos naturais a partir da observação e da experimentação com o uso de instrumentos como o telescópio, o microscópio e outros instrumentos dentro os quais, na ciência atual, o computador e seus inúmeros derivados.

O nascimento dessa nova maneira de interpretar o universo pode ser considerado, na história da humanidade, uma revolução civilizatória, como em outros tempos foi a descoberta da agricultura, visto que na Antiguidade e no período medieval as investigações dos fenômenos celestes e dos organismos vivos, dentre outras coisas, não se valiam do uso da técnica e não percebiam o universo como algo composto de uma mesma matéria uniforme, suscetível à entropia e à finitude, cujas teorias só haveriam de aparecer séculos depois.

Enfim, até o surgimento da Ciência Moderna, ou o fortalecimento das ciências experimentais, de um modo geral, a Terra sempre foi considerada plana e o centro do Universo. Para alguns, a filosofia era a ciência à qual se subordinava todo o conhecimento, especialmente na Grécia, onde a tendência era responder a todas as indagações humanas através da filosofia.

Enquanto isso, nos centros da cultura muçulmana, no norte da África e na Espanha, já se admitiam as ciências autônomas, e delas surgiam explicações, ou propostas alternativas como, por exemplo, sobre a esfericidade da terra, a natureza dos astros, ou das constelações, a existência dos planetas e outras especulações.

Esses conhecimentos firmaram o surgimento de uma nova ciência, a astronomia que, valendo-se da matemática já utilizada nos tempos antigos, permitiu a medição do tamanho da terra, ou das distâncias entre ela e outros astros, a lua ou o sol e, ainda, seus movimentos. Assim se começou a caminhar no rumo da ciência moderna.

Na mesma época vieram as grandes navegações, que comprovaram, até para os mais descrentes, a circunferência da terra, seus movimentos e sua posição no universo. Mas as grandes teorias que pretendem explicar o universo só aconteceram a partir dos Séculos XX e XXI, no nosso tempo, portanto, na perspectiva de uma ciência nova, diferente de tudo o que fora visto, ou pensado, no passado.

Na década de 1920 um sacerdote e astrônomo, Lemaître, propôs a interpretação da origem do universo através de uma explosão de dimensão absolutamente impensável, apelidada de big-bang, produzida a partir de um núcleo com um peso, ou uma massa de igual dimensão. Portanto igualmente impensável, mas capaz de originar tal explosão. Impulsionado por essa explosão o universo continuaria se expandindo, gerando novas estrelas, novas galáxias, novos buracos negros...

Por mais de uma década a teoria do big-bang de Lemaître não foi aceita pelos cientistas, incluindo Albert Einstein, que só a admitiu após várias outras tentativas inúteis de interpretação, inserindo-a em sua visão do universo. Isto, no entanto, só aconteceria na década seguinte, de 1930, face à evidência da expansão dos corpos celestes.

Outro físico, também astrônomo, o inglês, Steve Hawkins, além de aprofundar pesquisas sobre a gravidade e outros fenômenos do universo, popularizou em seus escritos a teoria do big-bang, hoje aceita por cientistas e outros a quem o assunto interessa, como a mais provável explicação.

Mas nenhum físico, nenhum astrônomo, nenhum cientista conseguiu chegar a uma resposta definitivamente aceita pela ciência, apesar das múltiplas tentativas, como a dos universos paralelos, a dos ciclos de expansão e de retração da matéria, a uma resposta definitivamente aceita, dizia, sobre a origem deste núcleo inicial, ou o destino do universo em expansão, que continuam sem explicação.

Enquanto isto o desenvolvimento da ciência experimental levou à descoberta do átomo e de seus componentes até chegar ao mais íntimo da matéria, sua menor partícula; o desenvolvimento dos telescópios, penetrando o mundo das estrelas até os limites observáveis ou calculáveis do universo material; enfim, a penetração das coisas enquanto captáveis, seja pelos telescópios, pela matemática, pelos algoritmos aplicados, ou pela imaginação. Mesmo assim, nunca as ciências experimentais conseguiram ultrapassar os limites do tempo e do espaço, que é seu limite, o limite mesmo quando de segundo grau, refiro-me à abstração de segundo grau, o nível da matemática. Mas a consciência humana, teria seus limites, se satisfaria, ali?

Hoje a astrofísica polui o espaço de satélites, naves, e outros equipamentos e a espécie humana visita a lua, instrumentos de pesquisa pousam em Marte, circundam Saturno, ou penetram no espaço nos extremos da galáxia, buscando, em anos luz, esses espaços..., mas os limites continuam...

Permanecem, então, as perguntas essenciais:

- de onde veio a matéria inicial?

- de onde veio o núcleo da matéria e sua energia, origem da explosão inicial?

- de onde vieram os mundos paralelos?

- enfim, o que somos, de onde viemos, para onde vamos, nós e o Universo?

Apesar de todos os avanços, ou talvez a cada avanço, parece que as perguntas se multiplicam e para cada resposta, uma nova porta se abre para um novo Mistério.

1.2. Haverá resposta para as novas perguntas?

Até aqui passamos os olhos sobre onde chegaram as respostas da história, da astronomia e da ciência, neste ponto em que ela abre para a espécie humana os caminhos do espaço. No entanto as ciências experimentais, essas ou outras, são incapazes de buscar respostas para além do universo da massa, da forma, do peso, ou seja, do tempo e do espaço, ou além da quantidade. Normal que assim seja, pois, esta limitação é de sua natureza, como é da natureza humana.

Na verdade, para alcançar respostas, ou ao menos orientar significados para as novas perguntas, ou os novos Mistérios, para dar um passo além da ciência da massa, da forma, do peso, do tempo e do espaço, é preciso ir além do quantitativo, portanto, além da física, da história, da química ou da biologia, o que quer dizer, ir ao mundo da metafísica, ou da filosofia, onde só a Consciência, o raciocínio ou a lógica pura, (não experimentável) poderá indicar caminhos e, eventualmente, poderá dar respostas. Mais além, só o Mistério ou a Revelação, eventualmente com a ajuda da teologia. Esta é também uma dimensão da natureza humana.

Neste ponto cessam, pois, as ciências experimentais, inclusive a matemática, e entra o pensamento puro, a lógica que é capaz de verificar a conformidade de um conceito com outro, ou de uma afirmação do conhecimento com outra, ou com seu objetivo, como método da busca do conhecimento. Por isto nesse nível, a filosofia é posta como ciência de terceiro grau de abstração, para além da ciência experimental de primeiro grau e para além da matemática, de segundo grau de abstração.

A Revelação, porém, ainda está além da matemática e da filosofia. Ela não é uma ciência experimentável, mas sua existência se impõe cientificamente, quando chegamos além do que pode ser explicado experimentalmente, matematicamente e mesmo logicamente, quando se chega ao Mistério. É neste nível que se impõe como consequência, aceitar a Revelação.

Fazem bem, se põem em seu lugar, os cientistas, especialmente os ligados à física, os da teoria quântica, dos universos paralelos, dos buracos negros, da astrofísica, ao reconhecer que permanece a impossibilidade de responder sobre o que havia antes do começo, ou além do limite extremo, do tempo e do espaço respectivamente, que este nível não está em seu âmbito de conhecimento ou de seu método científico. O que vale também para os biólogos e suas buscas sobre os últimos segredos da vida. Por isso, embora sendo mais fácil negar, não há como descartar que esse conhecimento, além do quantitativo, o nível em que eles se situam, existe.

Considerando, porém, que nem todos tem essa percepção, torna-se importante, afirmar que falta competência científica, ou metodológica, à ciência experimental, ou de outros níveis, para dizer que não há conhecimento além do seu, e que nada há a fazer além dos limites experimentáveis, desconhecendo ou negando, que possa haver uma ciência ou uma nova espécie de conhecimento, ou um objeto (da ciência), um Ser, além de seus objetos experimentáveis ou de suas equações, portanto, um conhecimento, ou uma ciência que ultrapasse o espaço e o tempo.

Ora, se existe esta espécie de conhecimento revelado, impõe-se a existência de um Ser que o revele, que, como seu objeto, esteja além do espaço e do tempo, não quantificável ou não equacionável. Impõe-se também que exista um método além dos métodos utilizados para o conhecimento do tempo e do espaço, das equações da matemática, ou da lógica da filosofia. Deve-se concluir, enfim, que esse conhecimento revelado inclui, num processo de autorrevelação, a revelação da própria natureza desse Ser e de seus atributos, apenas limitada, a revelação, pela limitação da natureza limitada da espécie humana, que a recebe.

Não me parece, portanto, científico negar essa espécie de conhecimento, que se impõe pelos limites de nosso próprio conhecimento e mais, das limitações da própria espécie humana, conhecimento e espécie que, no entanto, podem, sim, ampliar-se, na medida em que aceite o conhecimento revelado.

Deve-se concluir, em consequência que esta aceitação é o próprio objeto essencial da fé, que também se amplia na medida da compreensão da riqueza das múltiplas formas como nossas limitações, inclusive do conhecimento, podem ser superadas...

Independentemente, pois, dos que negam ou desconhecem o método do conhecimento do além do espaço e do tempo ou do quantitativo, mas junto àqueles que sabem que existe o conhecimento científico além dos métodos quantitativos, primeiro reconhecendo o método lógico da filosofia e, além da lógica da filosofia, para buscar uma resposta à perguntas essenciais não respondidas, junto àqueles que sabem que existe, dizia, um conhecimento legítimo de outro nível, proveniente da revelação, do qual decorre também a teologia, que o estuda, que busca interpretá-lo e aplicá-lo. Sua legitimidade está na diferença do método, ou do conhecimento experimental, e a aceitação da diferença é parte essencial do método da ciência, como do conhecimento.

Isto considerado, chegamos ao limite do tempo e do espaço, e cabe perguntar: o que pode existir além? Vejamos se a lógica, fundamenta essa existência que, se comprovada, nos levará adiante, à legitimidade da Revelação

a) A primeira lógica é que é possível a existência, além do espaço e do tempo.

Se concebemos no conhecimento, um mundo onde não existe o espaço e o tempo, estamos numa outra ordem de ser, obviamente de um ser que existe sem tempo e sem espaço. Existir sem tempo e sem espaço significa ser eterno e infinito, porque não há tempo, não há espaço, o que significa ser de outra natureza que a natureza dos seres experimentáveis. O que quer que seja experimentável, não alcançará, portanto, essa outra ordem.

Assim sendo, a existência do mundo além do tempo e do espaço – o mundo do além da física e de outras ciências dessa ordem, o mundo da metafisica, – ou da filosofia, onde não há como aplicar nele a ciência experimental, incluída a matemática, conhecimento de 2º grau (de abstração) A existência desse mundo sem tempo e sem espaço tem, pois, como pressuposto a existência de um método que seja da mesma natureza de seu objeto, ou seja, a lógica, não a lógica experimental ou mesmo a lógica matemática e suas equações, mas a lógica pura, que harmonize seu método com seu objeto.

É este método e a natureza de seu objeto que independe do tempo e do espaço que dá consistência e define uma ciência também de outra natureza, em outro nível, a filosofia, ou a metafisica.

É esta lógica pura, ciência de outra natureza, que nos indica a existência de um Ser de outra ordem, de outra natureza, um Ser que, não depende da matéria de que se fez o universo. Assim sendo, não dependendo da matéria para existir e podendo, em consequência existir antes da existência da matéria, esse Ser, de acordo com sua natureza, pode se constituir na causa capaz de explicar a origem de um mundo que a ciência experimental, limitada ao tempo e ao espaço, não alcança. Coincidentemente, pode-se ver adiante como este raciocínio coincide com a mesma lógica de Santo Tomás de Aquino, ao expor suas 5 vias pelas quais se chega ao conhecimento da existência de Deus.

Esse Ser de outra ordem constitui, pois, a própria natureza do espírito, ser sem espaço e sem tempo (sem peso, sem forma, sem massa etc.), um ser, portanto, imaterial, absolutamente diferente da natureza do universo material, um ser eterno porque não tem tempo e um ser que está em toda parte, ou em nosso conceito de parte, em parte nenhuma, por não ter espaço.

b) A segunda lógica: a capacidade do ser imaterial comunicar-se com o ser material.

Isto posto, que existe esse Ser de outra ordem do ser material, decorre uma segunda dedução lógica, que responde à pergunta seguinte.

Pode este ser de outra ordem, de ordem puramente imaterial, relacionar-se com este outro universo das coisas experimentais, condicionadas ao tempo e ao espaço?

Ora, um ser de ordem imaterial, que existe independentemente do espaço e do tempo, como vimos, e pode, nesta lógica, ser a causa da existência do espaço e do tempo, ou seja, criador do universo material, como também vimos na lógica anterior. Assim sendo, a mesma lógica indica que, sendo o Criador do universo material necessariamente, umbilicalmente, ligado ao ser criado, necessariamente pode se comunicar com ele. Tanto mais pode haver essa comunicação na medida em que algum ser da ordem material tenha recebido de seu Criador algum atributo que o torne semelhante a seu Criador, e a Revelação nos complementa referindo-se a um ser criado à sua *à imagem e semelhança*: a espécie humana.

Este atributo do ser da ordem material, ou do ser criado *à imagem e semelhança* de seu Criador, se revela claramente na Consciência da espécie humana, espécie que, sendo parte da essência de um ser finito e temporal, traz em si os atributos do ser independente do tempo e do espaço, isto é, participa da ordem do espírito. Esta não é uma questão de fé, mas de lógica e, portanto, de além da ciência experimental, ou seja, é objeto da ciência filosófica, ou da metafisica.

É por essa razão que à ciência experimental, não podendo encontrar resposta para as questões que vão além de sua natureza, cabe aceitar a existência da mesma certeza científica em outra ordem (na ordem puramente lógica) cabendo-lhe remeter a essa outra ordem, a existência, ou não, de uma causa anterior e diversa da matéria, causa anterior, que deu origem ao big-bang, matéria inicial do universo, ou qualquer outra teoria sobre a origem do universo, e por esta razão, como é capaz de criar é capaz de se comunicar com sua ordem criada, e é a esta comunicação que chamamos de Revelação.

c) *A terceira lógica, se esse ser material dotado de um atributo espiritual limitado, é capaz de receber o objeto da comunicação de um Ser puramente espiritual.*

Sobre essa capacidade, a premissa inicial é que a comunicação nessa espécie de conhecimento, é necessariamente limitada, em função da limitação da espécie receptora cuja natureza é condicionada pela matéria. Decorre, portanto, uma impossibilidade da ordem criada de penetrar na natureza absoluta, ou essencial, de seu Criador, Ser anterior e além da matéria. Por isto a ordem criada é incapaz de entender de forma absoluta um Ser que esteja além de qualquer limitação, portanto que seja um espírito absoluto. Em linguagem estrita, o conhecimento revelado existe, mas é de uma natureza limitada, por causa da limitação da espécie humana diante de um objeto de natureza absoluta, ilimitada.

Assim, o conhecimento de um ser espiritual absoluto há de ser sempre limitado, e como com propriedade já observava Santo Tomás de Aquino sobre esse Ser, *mais podemos saber como Ele não é do que como efetivamente Ele é.* (Suma Teológica)

Em consequência, o único caminho possível a quem busca uma resposta para este questionamento, é que ele mesmo, o ser imaterial, se comunique através de alguma forma de Revelação, e isto fundamenta a fé, e comprova como a Revelação, ou a fé, complementam a ciência experimental e a própria filosofia, como também que a fé tem com a ciência experimental e com a filosofia um compromisso de complementação, nunca de discórdia ou negação, compromisso que é, ou deve ser mutuo.

d) A quarta lógica é a impossibilidade da existência de dois ou mais seres absolutos.

Esta pureza relativa do conhecimento, não inibe de afirmar uma quarta dedução: sendo este Ser além do espaço e do tempo, pleno e absoluto, a possibilidade de existir outro ser com esta mesma natureza se exclui, porque Ele, não tendo espaço e não tendo tempo, não está sujeito à limite de qualquer espécie. Nessa ordem, Ele é tudo.

Por esta razão, da pureza apenas relativa, ou análoga, da lógica, a Consciência, ou a lógica humana, não pode ter a mesma natureza do Ser absoluto que a gerou, como, pela mesma razão, não pode haver um outro ser absoluto. De outro lado, e da mesma forma, a existência de seres espirituais só pode ser admitida como seres criados e, portanto, apenas como atributos do Ser absoluto

Por isto, quer seja em relação a seres materiais, quer seja em relação a seres espirituais a participação só pode ser "*à imagem e semelhança*" do Ser Absoluto e jamais em igualdade, e nesta semelhança possível encontra-se a ligação que une a lógica da razão, ou da filosofia, à Revelação e à explicação teológica, ou bíblica, *da imagem e semelhança* dada pelo Criador a uma, e apenas a uma entre tantas espécies de sua criação na ordem material, ao menos enquanto nos é dado a conhecer: a espécie humana. A existência de seres criados na ordem espiritual resta no campo da teologia, da fé, ou simplesmente do Mistério...

Do exposto se confirma o que foi dito da limitação de nossa lógica no conhecimento desse Ser original e assim, da mesma forma como ultrapassamos o limite entre a ciência experimental pela filosofia, ou metafísica, chegamos agora ao limite entre a filosofia, e a existência, de outro nível de conhecimento, além da dimensão humana e de seus métodos: o conhecimento pela Revelação.

e) A quinta lógica é a existência de outro nível de conhecimento: a Revelação.

O conhecimento pela Revelação, ou pela teologia que a estuda, interpreta, e completa em sua forma de expressão humana, ou simplesmente o conhecimento que decorre da aceitação da fé, significa, simplesmente, que além da ciência experimental e da filosofia há um outro método que nos revela a verdade.

Em função desse método diferente de conhecimento, o conhecimento alcançado pela Revelação, ou pela fé, cabe refletir sobre *a imagem e semelhança* com o Criador, que é o canal ou o instrumento dessa comunicação: a Consciência, o Espírito ou a Alma, *essa imagem e semelhança* que foi dada à espécie humana, e por isto a Revelação é um conhecimento absolutamente válido, uma vez admitido um Deus criador que se comunique, Não havendo esse Deus, ou não havendo a Consciência não haveria validade na comunicação. É evidente.

A qualquer momento pode-se constatar que através da Consciência, isto é, do pensamento e dos outros atributos que integram a Consciência como, além da autopercepção, o sentimento ou a imaginação, a aceitação ou a repulsão, a vontade, somos transportados de forma real, poder-se-ia dizer também virtual, mas sem qualquer sujeito, objeto ou meio físico, ou material, a um outro tempo ou a um outro espaço, ao mundo primitivo, ou imaginar o mundo do futuro em qualquer época, ou em qualquer parte do universo. Este, pois, não é de forma alguma um conhecimento experimental. Também não é uma experiência mais completa, como seguramente seria um conhecimento puramente espiritual, por causa de nossa limitação pela matéria.

De toda forma, essa presença múltipla e universal da Consciência no tempo e no espaço, é a nossa participação no mundo do espírito, embora caiba voltar ao alerta de que, nesse mundo do espírito, de forma alguma podemos ser iguais ao Ser absoluto, único, (aquele sem tempo e sem espaço) Criador de tudo, porque, além disto, somos limitados pela matéria, repito.

Esta capacidade de termos a Consciência presente num mundo independente do tempo e do espaço, nos leva a concluir que, se liberta das limitações a que está condicionada pela matéria, a parte de nossa natureza liberta da matéria, do tempo e do espaço, isto é, a Consciência e seus atributos, ou o Espírito, que há na espécie humana, há de sobreviver no mundo da infinitude e da eternidade, pois sua morte, ou sua destruição, contrariaria sua natureza imaterial, é óbvio.

Seríamos então imortais e eternos e, assim sendo, volta a tentação de considerar-nos iguais a Deus, ou seriamos deuses? Haveria tantos deuses quantos seres humanos libertados da matéria? Embora estejamos a analisar no mundo do espírito, portanto, do conhecimento pela Revelação, seguido pela teologia, ainda há um raciocínio imposto pela lógica da filosofia, que responde a essa questão.

Vimos que a existência do Ser absoluto, infinito e eterno, exclui a possibilidade de sua duplicação, ou multiplicação – pois não podem existir dois ou mais seres absolutos na mesma ordem de ser. Se houvesse, ambos seriam limitados. Isto significa que, como neste mundo, somos apenas *à imagem e semelhança* desse Ser absoluto, nessa nova condição de uma natureza liberta, imaterial, só lhe é possível participar de seus atributos e não de ser igual ao Ser absoluto.

Antecipando um pensamento teológico, conforme ensina a Bíblia, de que fomos feitos *à imagem e semelhança* do Criador, São Paulo, teólogo, se referindo a nossa ligação com o Criador, define que "*nele somos, nos movemos e existimos*", princípio que, aplicável ao que somos antes da libertação da Consciência (ou do espírito) se aplica também ao que deveremos ser após essa libertação (ou morte corporal).

Não somos, portanto, novos deuses, mas nos assemelhamos à imagem de Deus, a seus atributos, e nisto se encontram a filosofia e a teologia, ou a Revelação, que vai nos dizer, esta, a Revelação, ou a teologia, para os que creem, como é este Ser Absoluto e qual, ou como é esta semelhança e como ela se realiza aqui, ou se realizará após a libertação.

Este é o Mistério, ou a resposta, da Revelação ou da fé. Para os que não creem na Revelação quero dizer, em alguma forma de revelação, resta o absoluto mistério, que é carregado de diversas formas, segundo cada um. Alguns ficarão alheios, outros buscarão caminhos alternativos, outros, enfim, viverão na angustia do absurdo de permanecer num todo sem explicação para sua natureza, ou em seu ser essencial, carregando uma vida que na verdade (consciente ou inconsciente) perde sentido, porque tudo há de acabar muito em breve, pois o que são alguns anos diante da existência e a duração do tempo, ou da eternidade?

Sei que há os que assim preferem, tentando construir o absurdo de viver na plenitude num mundo de absoluta limitação...

f) Em conclusão.

Considerado o absoluto da eternidade e o absoluto da infinitude como atributos do Criador e em face à limitação da espécie humana, ou da matéria, está aberto o caminho para que, partindo da ciência experimental, passando pela lógica da filosofia, encontremos na teologia, enquanto intérprete da Revelação, ou na fé, o caminho, ou a responsabilidade de responder sobre a existência desse Ser Absoluto, único, eterno princípio, origem e fim de todas as coisas. Repito o teólogo e apóstolo Paulo, "*no qual somos, no movemos e existimos*". (Atos 17:28-30)

A aceitação desse conhecimento via a Revelação, ou a Fé, torna-se, assim, absolutamente compatível com a filosofia e a ciência experimental, cada uma no seu nível, mas complementando-se mutuamente e isto me parece absolutamente lógico e, portanto, científico. Esta lógica pode ser complementada com a lógica de Santo Tomás de Aquino que, em sua Suma Teológica, busca provar racionalmente a existência desse Ser absoluto, através de cinco vias, ou caminhos do conhecimento..[1] (Suma Teológica 1ª parte Q. 2)

---

1 **De como a filosofia, segundo Sto. Tomaz de Aquino, nos leva a adm*itir* a existência de Deus.**
Na análise desta questão duas correntes desenvolvem seu método para analisar a questão da existência de Deus. Uma tendendo ao método do raciocínio lógico que tem no filósofo grego Aristóteles sua origem e que teve na era cristã Santo Tomás de Aquino como seu expoente máximo. Outra corrente, cuja origem é também atribuída a um filósofo grego, Platão, que na era cristã foi "cristianizado" por Santo Agostinho, e se fundamenta sobretudo, como método, na intuição, no sentimento e, portanto, na percepção automática da descoberta, ou da construção da verdade, inclusive da verdade essencial da existência de Deus.
Como síntese de toda a vertente que deu origem à "escolástica, filosofia predominante da Idade Média, descrevo inicialmente as conhecidas cinco vias do conhecimento que nos levam a Deus, segundo Santo Tomás de Aquino. Em seguida farei uma referência a Santo Agostinho.
Creio que essas curtíssimas sínteses dão um conhecimento mínimo e muito importante das raízes da absoluta maioria das tendências de afirmação, ou da negação da existência de Deus, inclusive na nossa época, quando a tendência maior é a de diminuir o valor da lógica tomista, para dar lugar à intuição, ou ao sentimento, ao instinto, ou à paixão.
As cinco vias de Santo Tomás de Aquino

Concluo, portanto, reafirmando que no mundo racional a aceitação de alguma forma de

Revelação que complemente as limitações impostas por nossa natureza material é uma atitude racional, portanto científica na sua ordem, e, assim sendo, constitui também uma resposta ao absurdo de viver sem uma resposta para o essencial da existência, como acabei de registrar.

1ª ***Via- Todo o movimento pressupõe um primeiro motor.*** *Isto faz parte da observação de que todo o ser está em evolução, movimenta-se neste sentido de evolução. Ora, todo o movimento tem que ter uma origem que o faça mover-se, pois não é concebível um movimento eterno, que repugna à matéria limitada. Logo deve existir um Ser origem de todo movimento. Este Ser é Deus. Entenda-se esse movimento como vida, evolução, transformação.*

2ª ***Via- da causa eficiente.*** *Esta via, de forma semelhante à anterior, refere-se, no entanto, a outro fato evidente: o existir. Tudo o que existe, existe porque teve uma origem, e não é possível que esta origem seja multiplicada ao infinito. Em consequência, na origem de tudo o que existe, deve existir uma causa que não foi gerada, e que, portanto, está na origem, ou existe como origem de todas as coisas que existem. Este ser é Deus.*

3ª ***via- do contingente e do necessário.*** *Também se desenvolve pelo mesmo raciocínio: a essência de tudo o que existe nos mostra que todas as coisas que existem poderiam não existir. Mas deve-se deduzir que não teria sentido que essas coisas existissem se não houvesse em sua origem um ser cuja essência, cuja natureza essencial, seja necessária porquanto se esse ser não existisse, nada existiria. Deus é este Ser necessário.*

4ª ***via- dos graus de perfeição-*** *Na observação ou na análise de todas as coisas, qualquer conclusão nos leva a deduzir que algo é mais ou é menos, é melhor, ou é pior em relação a outra coisa. Mas esta análise, na medida em que busca a coisa mais ou melhor, terá que fazê-lo sucessivamente em relação a outra coisa ainda mais ou melhor. Ora, não se poderia, igualmente, levar essa análise ao infinito e por isto, torna-se imperativo chegar-se a um ser que tenha a perfeição absoluta. Esse ser de perfeição absoluta é Deus.*

5ª ***via- Da organização da ordem das coisas-*** *As coisas, todas as coisas existem ou se movem de forma ordenada, pois do contrário tudo estaria em conflito continuo e nada do que forma o universo poderia existir. Ora, de nenhuma forma tal ordem de todas as coisas, desde as coisas mais ínfimas até as maiores coisas imagináveis, poderia organizar-se sem uma causa inteligente, acima de todas as coisas, que as ordenasse. Este ser inteligente que ordenou todas as coisas é Deus, como o arqueiro que ordena a flecha para que ela atinja seu alvo. Ela jamais atingiria se não tivesse um arqueiro que a ordenasse.*

Essas cinco vias, exposta por Santo Tomás de Aquino, em sua principal obra A Suma Teológica que nos levam a admitir a necessidade da existência de Deus, constituem razões essencialmente lógicas, puramente intelectuais, na linha racional de origem aristotélica e instrumento essencial em filosofia do método escolástico.

O caminho da intuição de Santo Agostinho

No entanto, é absolutamente válida, para alguns mais, para outros menos válida, a percepção intuitiva da existência de Deus, fruto dos sentimentos, dos anseios e aspirações humanas, ou da inquietude humana, a que se refere Santo Agostinho, em filosofia representante da linha platônica na era cristã. Esta linha filosófica é seguido por inúmeros filósofos, teólogos, sábios e santo, e se resume em toda inquietude humana expressa numa frase significativa: ***"Tu nos criaste Senhor, e inquieto estará nosso coração enquanto não te encontrar, não repousar em ti".*** *Não vejo essas escolas e suas múltiplas diferenciações em todos os tempos e até em nossos tempos, como contrárias, mas sim complementares entre si, caminhos diferentes, mas ambos fruto da natureza humana, que nos leva ao mesmo ponto: a existência de Deus.*

1.3. Para onde vamos.

Posta a questão da origem do universo, antes de analisarmos a origem da vida no universo e da Consciência na espécie humana, várias vezes citada, quero ainda refletir sobre para onde vamos nós, a espécie humana, e para onde vai o universo, questões às quais, em função de sua essencialidade, retornarei no final deste livro.

Em relação à espécie humana, a resposta só pode vir, e vem, a partir de sua natureza, ou seja, de sua identidade essencial. Aparentemente, tudo termina na morte, mas, como aliás já vimos, só aparentemente.

Isto porque à espécie humana, diferentemente do restante do universo, foi dada uma participação nos atributos do espírito, através da Consciência, ou na Consciência...

a) Sobre a dimensão da Consciência

-Se a Consciência, apesar da limitação que lhe impõe a matéria, nos liberta do tempo e do espaço, nos permitindo transportar-nos a qualquer lugar e a qualquer tempo...e, especialmente, também para dentro de nós mesmos na auto percepção;

– se a libertação do espaço e do tempo é da natureza essencial do espírito, por natureza imaterial e, portando, eterno, a lógica, considerada a natureza da espécie humana, nos faz concluir que a morte da matéria não significa a morte do espírito e que, por consequência, nem caracteriza o fim do indivíduo da espécie humana;

– significa, ao contrário, sua libertação do espaço e do tempo, que condicionam e limitam sua Consciência, ou o espírito de que a pessoa, e a espécie, participam;

b) Sobre a libertação da Consciência

– A Consciência, pois, que permite à espécie humana participar da natureza do espírito, não deixa de existir ao se libertar da matéria que a limita, o que faz concluir que, de alguma forma, esta libertação fará o espírito retornar à participação de sua origem ou seja, à dimensão da natureza de *quem é imagem e semelhança*, ou seja, de seu Criador, de onde veio.

O Mistério desse retorno, porém, nos leva novamente, dessa equação lógica, para a resposta da teologia ou da Revelação, como bem a define S. Paulo, já citado, quando afirma que "*em Deus nós somos, nos movemos e existimos.*"

Isto nos dá segurança, pela fé, complementada pela lógica da filosofia, e independentemente da ciência experimental, que a morte nos liberta do tempo e do espaço, para nos fazer retornar ao mundo do espírito, ou seja da infinitude e da eternidade.

Resta o destino do corpo, que, da mesma forma só terá resposta no campo da teologia, se a tiver, pois que a Bíblia nos traz apenas alguns exemplos específicos de ressurreição de corpos, como o de Lázaro, ou do filho da viúva de Naim, ou da filha de Jairo, por milagre de Jesus, ainda a própria Ressurreição de Jesus três dias após sua morte na cruz e, de acordo com a tradição, a teologia e a doutrina oficial da Igreja Católica, a Ressurreição do corpo da Virgem Maria, Mãe de Jesus, elevado aos céus.

Mas é preciso perceber que nesses exemplos há uma diferença essencial: Lázaro, ou o filho da viúva de Naim, ou a filha de Jairo ressuscitaram para esse mundo, enquanto que Jesus e Maria ressuscitaram para o outro mundo, mas seguramente com uma transformação da matéria. Qual transformação? Ou: como resta o Mistério? De toda forma, esses casos são excepcionais, não aplicáveis a toda espécie, e por isto o Mistério continua, no campo da ficção científica para a ciência experimental, ou da especulação para a filosofia, restando o Mistério no campo da Revelação, ou da fé.

No entanto, isto considerado, impõe-se que de alguma forma o corpo, a matéria, deverá juntar-se ao espírito, para que a pessoa sobreviva na eternidade enquanto pessoa humana, não como espírito, anjo, ou outra qualquer outra forma de espírito puro, e não deixe de existir como indivíduo, ou assuma outra identidade já não sendo a mesma pessoa, caso a sobrevivência fosse apenas da Consciência, ou de sua dimensão espiritual.

c) *Sobre o destino da espécie humana.*

Além desse destino individual, na matéria e no espírito, permanece a questão da sobrevivência, ou do destino da espécie. Pode-se divagar fora da ciência e da revelação, e imaginar que a espécie humana poderá se extinguir pela diminuição sucessiva da geração de novos indivíduos, ou por alguma catástrofe como a que teria extinguido os dinossauros, ou por alguma mutação da espécie que acabaria, por alguma forma, de pôr fim à sua capacidade reprodutiva, ou por obra do Ser que a criou, retornar como espécie ao Criador, despindo-se da matéria pela prevalência do espírito, como a larva se transforma ao deixar o casulo.

Tudo é permitido à imaginação, inclusive a hipótese de que estejamos ainda na pré-história da espécie humana, sendo que teríamos sido feitos para habitar o universo...

No entanto, se em relação ao fim individual pode se ter desvendado, ao menos em parte, o Mistério...

– se em relação à espécie humana a imaginação pode satisfazer-se em divagações, permanece ainda em igual, ou maior Mistério, o destino do universo...

1.4. Para onde vai o Universo

Ao falar do destino do universo, voltamos novamente à análise do ser material, portanto, ao mundo do espaço e do tempo, da quantidade e da forma, e retornamos, assim, ao campo da ciência experimental.

Várias hipóteses são aventadas pela ciência experimental, que se vale da observação telescópica, da matemática ou, também, da imaginação. Cientistas em todos os níveis da ciência, tem enveredado por essas tentativas, complementares entre si, semelhantes ou contrárias, desde os filósofos, como fizeram, como exemplo, Aristóteles e Santo Tomás de Aquino, como os maiores físicos ou astrônomos, como exemplo, o sacerdote e astrônomo francês LemaÎtre e o físico Einstein, ou, ainda outros cientistas mais popularizados enquanto exímios comunicadores como Isaac Asimov ou Stephen Hawkings, já citado.

À parte, quero referir-me à teoria do antropólogo e teólogo Teilhard de Chardin, que mais do que da matemática e dos telescópios, valeu-se da pesquisa antropológica e da inspiração da teologia, desde a origem do universo, à origem do homem e seu destino.

Deles, ou de outros menos conhecidos, surgiram teorias as mais diversas, algumas complementares, outras paralelas e algumas, como disse, com nuances contraditórias em relação às outras. Faço uma rápida referência às mais conhecidas, desenvolvidas por físicos e astrônomos:

a) A teoria do universo em expansão

A partir da explosão inicial, o big-bang, empurrando a matéria gerada através de certa energia – a energia escura, até os extremos. Quando essa energia vier a perder totalmente sua força, tudo se desintegrará.

Mas restam as perguntas: de onde veio a energia original do big-bang e que mistério passará a existir a partir deste universo desintegrado?

b) *Uma teoria complementar*

A resposta imaginada por uma teoria de certa forma complementar a anterior, afirma que a mesma energia, ao invés de desintegrar a universo, ao final acabará concentrando a matéria a tal ponto de refazer o átomo inicial, dando origem a um novo big-bang, e assim indefinidamente, matéria se expandindo e se concentrando.

Mas será esta uma resposta, ou é simplesmente uma forma de empurrar o mistério para mais adiante?

c) *A teoria dos buracos negros.*

Paralelamente, existe a teoria dos buracos negros. Essa teoria afirma que os buracos negros, esta antimatéria, acabarão por "engolir" toda a matéria do universo, prosseguindo o processo em que os buracos negros maiores engolirão os menores dando origem a um novo universo, onde a matéria perderá toda sua identidade, tornada imóvel, escura, digamos, restando de nosso universo apenas uma imagem, talvez uma sombra, a antimatéria...

Mas, novamente, segue a questão: essa antimatéria existe? Se existe, o que é? Será eterna? É infinita ou não existirá? Será o nada? ...Mas o nada existe? (Isto não é jogo de palavras nem um brinquedo, mas uma questão essencial a responder...o Mistério...)

d) *A teoria da energia antrópica*

A teoria da energia antrópica parte do pressuposto que a energia equalizará todos os corpos existentes no universo, gerando um universo frio e totalmente imóvel, acabando, portanto, com todos os atuais fenômenos físicos ou astronômicos, inviabilizando, qualquer forma de vida, além de inviabilizar o tempo e o espaço. A pergunta que teima em retornar, é se este universo totalmente frio ou totalmente imóvel, diante de nossos conceitos, é sequer pensável.

Seria minimamente científico admitir um mundo sequer pensável, ou seria só uma forma de, mais uma vez, empurrar, ou escamotear, o Mistério?

e) A teoria do fim dos tempos

A teoria do fim dos tempos complementa a da energia antrópica e afirma que, sendo o nosso universo finito por natureza, sua expansão, admitida nas outras teorias, só poderia expandi-lo até seus limites e neste momento, o universo se imobilizará, e imóvel, acabará com a existência do tempo, passando simplesmente, o universo, a não ter sentido algum dentro de nossos conceitos.

Mas permanece a mesma pergunta: esse universo imóvel, que derrubaria todos os conceitos que regem o universo atual, solucionaria o Mistério?

Além dessas teorias, as mais em voga, baseadas em cálculos matemáticos, observações telescópicas e de outros instrumentos, com maior ou menor uso da imaginação, da matemática ou dos logaritmos, quero comentar a teoria antropológica, a que me referi, de Teilhard de Chardin.

f) A teoria de Teilhard de Chardin

Com uma visão muito mais ampla, uma síntese da antropologia, de uma visão cosmológica, com a iluminação da Revelação, ou da teologia, sacerdote jesuíta que era, Teilhard dedicou a vida à pesquisa em áreas ricas para essa busca, na África e na Ásia.

Chardin concebe todo o processo como uma flecha que, lançada de um princípio, a que chama ponto Alfa, atinge um determinado objeto final, que denomina ponto Ômega – o princípio e o fim. O Alfa e o Ômega constituem o mesmo Ser Criador, pois nada do que existe, existe sem a causa de sua existência e sem um objetivo a chegar, causa inicial e causa final, princípios que Tomás de Aquino define e defende em seu tratado completo de filosofia e teologia, já referido, a Suma Teológica.

Em sintonia com esse princípio, o percurso da flecha percorre um caminho, do simples para o complexo, como demonstra através de uma sucessão de pesquisas realizadas, durante os mais de 20 anos, especialmente na China, tendo como pontos altos desse percurso o aparecimento da vida e da espécie humana, momentos que, preparada a matéria-prima nessa evolução do simples para o complexo, (compare-se um organismo primitivo com a complexidade do organismo humano), novas intervenções do Criador deram origem à Vida e ao Homem no universo.

Este caminho da complexificação, partindo da perfeição Absoluta, o Alfa Criador, nesse processo de contínuo aperfeiçoamento no rumo da desmaterialização, ou espiritualização, irá alcançar novamente o Absoluto, o mesmo Deus Criador, de onde se originou.

Cabe aqui uma referência, novamente a Tomás de Aquino, que no processo da criação, encontra a referência essencial da própria natureza de Deus. Embora o santo e filósofo se tenha dedicado em profundidade a seu estudo sobre a natureza de Deus - são bem conhecidas em sua obra máxima, a Suma Teológica, as 5 vias através das quais busca provar existência de Deus - ele afirma o princípio de que o amor tem em si a tendência a se difundir – *Amor diffusivum sui.* (S.T.1ªparte Q5.4).

Desse princípio do grande Doutor da Igreja, se pode deduzir com segurança que, sendo o processo da criação uma obra, uma expansão ou um transbordamento de Deus, a essência do amor, (e nisto se explica também o amor presente no processo da Redenção, como veremos) sua fonte, por consequência o destino da espécie humana, como aliás de toda a criação, é o retorno ao Amor, como tornaremos a considerar na parte final.

Fica registrado que a Igreja Católica, ou seus teólogos, demoraram na análise e aceitação da obra de Teilhard de Chardin, que afinal foi publicada, em sua essência e com seu aval, da Igreja, no livro “O Fenômeno Humano”, editado em 1948, dois anos após a sua morte.

2. As Respostas da teologia, ou da fé.

2.1. Os pressupostos das repostas

Em todos os tempos, todos os povos sempre buscaram na fé a resposta às suas perguntas, ou na religião uma resposta às suas necessidades. Na verdade, esse constitui um desafio que transcende as descobertas, as teorias e as hipóteses dos pesquisadores das ciências experimentais, da matemática, ou das lentes de seus telescópios que penetram o espaço, as distancias cada vez mais medidas em anos luz, ou dos microscópios que penetram nas partículas infinitesimais da matéria.

Mas nada conseguiram seus instrumentos penetrar o tempo, seja o passado, seja o futuro, a não ser na ficção...

A verdade essencial é que não vai haver respostas dadas por instrumentos ou metodologias experimentais ou experimentáveis sobre as realidades que transcendem ao quantitativo, ao espaço e ao tempo e, portanto, se situam no infinito e na eternidade jamais experimentáveis por esses métodos.

Os povos antigos em seus escritos sagrados que codificaram sua fé, suas religiões, ou sua moral, em geral também buscaram respostas sobre a origem do universo. Já referi algumas dessas respostas.

Referindo-me, agora, a esse fato, a origem do universo, atenho-me à narrativa do Gênesis, o texto inicial da Bíblia, o livro sagrado do povo hebreu, na versão referida no início, livro que inspira, além da própria religião desse povo, respostas também para as religiões cristãs que na diversidade de suas culturas, ou de suas crenças, tiveram nela sua origem.

Atenho-me, pois, ao Gênesis, o primeiro livro da Bíblia nessa versão, ao refletir sobre a origem do Universo, como me atenho à mesma versão ao me referir a outros textos deste ou de outros livros da Bíblia nas outras questões onde devo buscar a lógica entre a ciência experimental, a filosofia, a teologia e a Revelação, ou a fé.

Atenho-me, enfim, a ela, à Bíblia nessa versão, por encontrar nela os fundamentos de minha fé, embora outras versões da Bíblia ou outros livros sagrados busquem e proponham os mesmos objetivos, ainda que por canais ou formas alternativas.

Faço esta opção sobretudo por identificar nela uma lógica absolutamente significativa entre ela e as diversas questões, ou Mistérios, objeto das reflexões deste livro, lógica que, no meu entender, considero adequada e suficiente.

Independentemente de minha opção, penso que em outros livros sagrados poderá ser encontrada a mesma, ou semelhante lógica com as respectivas culturas, por quem vier a neles buscar fundamentos, dispondo-se a pesquisá-los. Mas essa busca em outros escritos sagrados extrapolaria, nesse momento, às dimensões e ao propósito deste livro[2].

---

2 *Sobre a questão da existência de grande variedade de traduções da BIBLIA, Livro Sagrado do Cristianismo e do Judaísmo, que justificam o esclarecimento que fiz à página 4 do "Mistério de Tudo", o jornalista, escritor e pesquisador Valério Azevedo, aliás autor da apresentação do livro, deixou a seguinte contribuição: "Existem na História humana numeroso acervo de livros sagrados, concebidos, desde sempre e no mundo inteiro, pelos povos e as culturas para afirmar suas crenças. Isto considerado, nenhum é maior do que os demais, pois de um modo geral, pode-se dizer que todos buscam a mesma verdade. Dentre tantos, podem ser citados de tempos mais antigos ou remotos como o ALCORÃO, NO Islamismo, o AVESTA, do Zoroastrismo, os VEDAS, do Hinduísmo, os DIÁLOGOS DE CONFUCIO, do Confucionismo, O LIVRO DO TAO, do Taoísmo, ou de tempos modernos como o LIVRO DOS ESPÍRITOS de Alan Kardec, O LIVRO DO NOVO MUNDO dos Mórmons, e outros... Além desses, encontra-se o milenar conjunto de pergaminhos, tabuinhas e rolos de papiro, que serviram, e continuam servindo como fontes de pesquisa a todos os que se interessam em melhor entender esse riquíssimo repertório de fontes, também para entender o Mistério do Universo, o Mistério do Homem e o Mistério da Redenção, como é o caso deste livro, ou quaisquer outros assuntos de interesse bíblico*

As diversas versões do texto bíblico aprovado pela Igreja católica baseiam em geral na Vulgata Latina, um texto traduzido de originais Gregos, Hebraicos e Aramaicos, ainda considerados a variedade de textos existentes anteriormente em latim, sob nome de Vetus Latina, versão em latim. A Vulgata foi traduzida, ou compilada por São Gerônimo a mando do Bispo de Roma São Dâmaso, Papa, na época do Imperador Constantino, o Grande, que a mandou promulgar em latim para que fosse lida e entendida por toda terra.

Traduzida para o Francês pelos monges do mosteiro de Maretsou, na Bélgica no começo do século passado, como informa o Autor deste livro, foi a edição traduzida para o português pelo Centro bíblico Católico e impressa pela Editora Ave Maria em São Paulo, em sua 52ª edição no ano de 1957 da Graça de Nosso Senhor."

O Gênesis atribui a um Ser espiritual e criador, como anteriormente referido neste livro, Deus único e absoluto, a criação do universo, da vida e do homem, obra que de acordo com o conhecimento da época e na linguagem de seu tempo, acontecera em seis dias, após os quais Deus, no sétimo dia, descansou.

Hoje os teólogos concordam que a narrativa bíblica é uma evidente alegoria da criação, enquanto ato sequencial do Criador – evoluindo cada dia como correspondente a uma etapa de um determinado processo evolutivo. O mesmo significado simbólico é atribuído ao sétimo dia, quando, segundo o Livro do Gênesis, Deus descansou e entregou sua obra aos cuidados do homem – coroa suprema da criação. Na verdade, a narrativa do sétimo dia atribui ao homem corresponsabilidade na continuidade da Criação, ou seja, na preservação e aperfeiçoamento da obra criada.

A Bíblia, livro sagrado dos judeus e dos cristãos, não se origina de uma pesquisa científica e nem pretende ser uma narrativa científica, como entendemos a ciência hoje. Sendo um livro de fé, se origina das tradições, ou da revelação do Criador por meio de homens inspirados, profetas, escribas e dirigentes do povo judeu (e a seguir dos líderes cristãos), que através dos séculos a escreveram e reescreveram.

Portanto, é compreensível que sendo uma obra construída por dezenas e dezenas de gerações, tenha sido ao longo dos séculos, adicionada de inumeráveis cosmogonias, elucubrações, teses, teorias, da mitologia, do misticismo, das culturas ou das conjunturas políticas, que muitas vezes podem ter tido suas contribuições incluídas mais de acordo com a visão dos redatores do que para o êxito da inspiração divina.

Assim, esta narrativa não está voltada à ciência experimental, mas dada sua natureza de conhecimento revelado, ela se situa num mundo diferente, sobrenatural ou transcendente, acima ou além da matéria condicionada às medidas do espaço e do tempo.

Existe, porém, uma ligação maior entre a revelação contida na Bíblia e a lógica pertinente à filosofia, porque ambas independem da experimentação, e apesar da diferença do método, tanto a lógica quanto a Revelação não podem aceitar o absurdo. Assim é que, quando a Revelação nos põe diante de um Mistério, a revelação desse Mistério não pode opor-se à lógica. Quero dizer que embora o Mistério possa não ser explicado de imediato, ou poderá jamais ser explicado, sua existência não põe em risco os princípios da lógica.

Esta é uma questão a ser ponderada pelos que, na busca da verdade, procuram um conhecimento além da ciência puramente experimental. É o que ensina o teólogo, já várias vezes citado, Tomás de Aquino, pai da filosofia escolástica, quando afirma *Praestet fides suplementum, sensuum defectui* (Santo Tomás: Hino ao SS. Sacramento: *Pange lingua*) a fé deve servir de suplemento onde os sentidos já não alcançam. Perfeita complementação entre a Ciência experimental, a Filosofia, a Teologia e a Revelação, ou a fé.

Entendendo-se dessa forma a revelação ou a fé contida na narrativa bíblica, se há de ver que estas não se opõem às ciências experimentais ou à filosofia. Ao contrário, dentro de seu método, de sua maneira própria de narrar, em cada uma delas se poderá encontrar a mesma verdade, podendo ambas servir até como luz que ilumina o caminho nesta busca.

2.2. A origem do Universo

No pressuposto de que não há efeito sem causa, e isto é fundamental em qualquer ciência, em qualquer lógica ou em qualquer nível de conhecimento, a Revelação afirma sua primeira verdade: a criação do Universo, portanto, a existência de um Ser criador.

Em consequência, e por esta razão, a causa criadora existia antes do universo, o que nos leva a admitir que esta causa é dotada de uma natureza que vai além do espaço e do tempo, e isto já vimos, realidades que não existiam antes da existência do universo, como o entendemos, é óbvio.

Existindo antes do espaço e do tempo, decorre também que esta causa é eterna e infinita, ao menos de acordo com nossos conceitos de espaço e tempo, infinitude e eternidade, portanto, como também vimos, ela pode ser a causa criadora do universo e, portanto, do espaço e do tempo. A questão deve ser entendida além da Revelação literal da Bíblia.

O texto não afirma a criação como um ato único e completo, mas como algo que se realiza em etapas sucessivas, representadas pelos sete dias da criação.

Terminada a obra da criação, a Bíblia revela que o universo foi entregue à obra prima de seu Criador, o Homem, a espécie humana, a quem o Criador dotou de uma parcela de si mesmo: a Consciência, o atributo espiritual e com ele a capacidade de criar, a capacidade de penetrar além do espaço e do tempo, embora condicionando-o à uma dimensão material, unindo-a a um ser material.

A esta capacidade constituída à *sua imagem e semelhança*, a Consciência dada à espécie humana, o Criador quis entregar a responsabilidade de cuidar de sua obra, utilizá-la e completá-la. Assim nos comunica o texto bíblico. (Gênesis 1, 27-28): *Deus criou o homem à sua imagem, criou-o à imagem de Deus, criou-o homem e mulher, Deus abençoou-os: frutificai, disse ele, e multiplicai-vos, enchei a terra e submetei-a.*

Não há, portanto, como não relacionar o Gênesis aos conceitos das ciências experimentais da evolução. A evolução só engradece a obra do Criador, unindo-a profundamente a Ele através de todos os tempos e à Revelação da obra da criação, que só ilumina ou confirma a busca da ciência e suas conclusões.

Isto significa que o Criador continua completando sua obra criadora, através do homem, da *espécie feita à sua imagem e semelhança*. Esta verdade dá ao homem uma dimensão e uma dignidade inimaginável e isto será analisado posteriormente.

Pode-se identificar, nesse processo de evolução, três etapas essenciais: a criação do universo material no primeiro, segundo e terceiro dias; a criação da vida aquática no quarto dia; no quinto dia a vida terrestre, os animais e o verde para alimentá-los. Só no sexto dia Deus criou o homem e lhe deu o universo com tudo o que ele contém, para que cuidasse dele e o utilizasse para satisfazer suas necessidades, completando e dando, dessa forma, um novo sentido à sua Criação, na espécie humana.

Pode existir visão mais dignificante para a espécie humana do que esta? Revelada a existência da causa da Criação - o Ser Criador que responde a todas as questões deixadas sem resposta pela Ciência experimental, resta a pergunta sobre o que podemos saber sobre esse Criador, que fez o universo e todas as coisas que há nele, inclusive a espécie humana.

Fica evidente que essa resposta não será alcançada pelas ciências experimentais, ou mesmo pela filosofia, pois ao refletir sobre a natureza do Criador, estamos além do espaço e do tempo, além de qualquer forma experimentável e mesmo além da lógica humana, por falta de conhecimento de suas premissas ou de seu objeto. No que se refere à sua natureza essencial a resposta só existirá na medida em que esse próprio Deus se revelar à sua criatura e, portanto, teremos que permanecer no campo da Revelação, ou seja, da interpretação ou da inspiração da Teologia, ou da adesão à fé.

Penetremos neste Mistério.

2.3. Sobre a natureza do Ser Criador

A Bíblia através de São João, apóstolo de Jesus, o Redentor, afirma em seu Evangelho, que *no princípio era o Verbo, e o Verbo estava com Deus e o Verbo era Deus* e, logo em seguida completa: *no princípio criou Deus o céu e a terra, todas as coisas foram feitas por intermédio d'Ele e sem Ele nada do que foi feito se fez.* (João 1, 1-3)

Considerando-se que com essas palavras o Apóstolo inicia a narração da vida de Jesus, podemos interpretar que o Verbo, o poder de Deus Criador, revela em Jesus uma segunda pessoa divina, que viria redimir a obra prima da criação, a espécie humana.

E acrescento mais...cuja eterna sabedoria divina sabia de que nessa obra prima, Ele concederia algo *à sua imagem e semelhança,* a Consciência, o que significa que concederia a Liberdade e com a Liberdade, o mérito de todo o bem que fosse feito, mas também haveria a hipótese da prática do mal, hipótese que se confirmaria a partir da desobediência, ou queda inicial do primeiro casal, segundo a narrativa bíblica e repetindo-se através de sua descendência.

Na sequência do mesmo Evangelho, como aliás nos evangelhos dos demais evangelistas confirmados pela Igreja católica, por diversas vezes se revela uma terceira pessoa divina, o Espírito Santo, com quem se completa a natureza de Deus Criador.

Um só Deus em três pessoas: Pai, Filho e Espírito Santo, a quem estão associadas, na teologia, as funções da Criação, da Redenção e da Santificação, respectivamente. Revela também na presença do Espírito Santo, uma forma de união íntima, ou do Amor de Deus para com sua criatura – não igual a Ele, mas *criada à sua imagem e semelhança*. Este Amor se revela muitas vezes sendo um dos momentos mais significativos dessa revelação a própria geração humana da segunda Pessoa, Jesus, o Redentor, no seio de Maria.

Quando a jovem Maria mostrando seu temor diante do Anjo que lhe anunciava que seria mãe de um menino a quem daria o nome de Jesus, cheia de temor lhe perguntou: *"Como pode se dar isto se eu não conheço homem algum?" Maria era Virgem e o Anjo a tranquilizou: "o Espírito Santo descerá sobre ti e a força do Altíssimo te envolverá com sua sombra. Por isto o ente santo que nascerá de ti será chamado Filho de Deus".* (Lucas 1 :34-35).

A narrativa é confirmada pelo evangelista Mateus: (Mateus 1:18-25). *Eis como nasceu Jesus Cristo: Maria sua mãe estava desposada com José. Antes de coabitarem ela concebeu por virtude do Espírito Santo. Como José, que era homem justo, pensou em abandoná-la, quando lhe apareceu um Anjo do Senhor em sonhos e lhe disse: "José, filho de Davi, não temas receber Maria como esposa pois o que nela foi concebido vem do Espirito Santo".*

Essa presença do Espírito Santo se revela em muitos outros momentos dos Evangelhos, como no Batismo de Jesus, ou nas reuniões dos apóstolos após a morte de Jesus, fechados no Cenáculo por medo dos judeus, dando-lhes carismas e coragem para divulgar a Mensagem da Redenção ao mundo.

Num raciocínio lógico fazem sentido absoluto essas narrativas, especialmente em relação à natureza de Jesus e à virgindade de Maria, pois Jesus, sendo filho de Deus, manteria suas naturezas divina, não se justificando, em consequência, a interferência de um pai biológico, mas apenas, dando-lhe a plena dimensão humana pela encarnação através do seio de uma mulher, para que o Redentor, dessa forma, junto à sua condição divina, assumisse na plenitude sua condição humana. Maria ofereceu esse seio: "*faça-se em mim segundo a Sua vontade*" (Lucas 1:38)

Creio que esse conjunto de narrativas, considerada a vida e a Mensagem de Jesus, inclusive sua morte e ressurreição e a intervenção continua do Espírito Santo, nos abre a porta à revelação da natureza de Deus, através de uma segunda e uma terceira Pessoas, natureza que, ainda que não explique a essência do Mistério da existência de um só Deus, único mas existindo em três pessoas distintas formando uma Trindade divina, explica a causa que existiu antes do espaço e do tempo, que criou o espaço e o tempo, ou seja o universo e tudo o que nele existe.

Nessa Trindade entende-se a presença permanente e absoluta de Deus como Criador, Redentor e Santificador de sua criação e, repito, obra à qual a espécie humana está essencialmente ligada, e de um modo sensível, acima de tudo, na maternidade de Maria através da qual esteve representada toda a criação e sua história, inclusive a Consciência original da espécie humana, cuja Liberdade, equivocamente utilizada, deu origem à todo projeto da Redenção.

Sei que esta é uma percepção de tamanho imenso, do significado da espécie humana, do Universo e de seu Criador. Mas é nessa dimensão que as coisas divinas e humanas se encontram, tomam sentido. É também nisto que se fundamenta o essencial da fé, da minha fé.

Não. Não se explicam todas as coisas, mas todas as coisas divinas e humanas, se tornam lógicas, e se impõem nesse limite, pois que a Consciência, o laço dessa união do Criador com sua criatura é limitado, pertence a duas realidades, a material, do espaço e do tempo, e a do espírito, o infinito e a eternidade.

Dessa forma nos dá o caminho, que nos permite, além de aceitar, entender a lógica da existência do inexplicável na ciência, na Revelação ou na fé, sobre onde estamos, em que realidade vivemos. Dou como exemplo, talvez permitindo entender melhor a teologia do Apóstolo Paulo, ao referir-se a Deus afirmando que *n'Ele estamos, vivemos e existimos.* (Atos 17: 28) ou a afirmação mais vezes literalmente citada de Santo Tomás, o qual ensina que a fé sirva de complementação quando os sentidos já não conseguem compreender.

Mas em última análise, pela dimensão do Mistério, ou dos mistérios contidos em todo esse processo, a lógica está no caminho da aceitação da Revelação e da Fé, ou se permanecerá no absurdo da absoluta falta de compreensão do essencial de todas as coisas ou, pior, nem sabendo que o essencial de todas as coisas existe.

2.4. Sobre a origem da vida

Antes de analisar o mistério do homem, ou da espécie humana, a coroa da obra da criação, me parece necessária uma reflexão referente à origem da vida, num universo morto antes que a vida existisse, repetindo, de certa forma, o pressuposto da criação evolutiva do universo.

Comecemos por considerar que a própria Bíblia, no mesmo livro do Gênesis, informa: "*no início a terra era informe e vazia*" (Gênesis 1: 2) isto é, não tinha vida. E, após explicar sobre a evolução do universo, tendo separado entre si a terra, essa terra que antes era informe e vazia, das águas e do firmamento, e tendo a luz dissipado as trevas, o Livro do Gênesis prossegue relatando a criação do "verde", da vida vegetal, para cobrir a superfície da terra e alimentar a vida, que estava por vir, isto tudo, no primeiro, no segundo e no terceiro dia.

No quarto dia o Criador fez os animais aquáticos, prossegue o Gênesis, e mandou que povoassem as águas com suas múltiplas espécies. No quinto dia, já separada a terra das águas, coberta a terra de vegetação, criadas as luminárias no firmamento para que houvesse luz, Deus criou os animais terrestres, e mandou que igualmente povoassem a terra, novamente na variedade de suas espécies. Assim preparado todo o universo, preparada e ornamentada a terra, no sexto dia, o Gênesis relata a coroação da obra criadora de Deus, com a criação do homem, "*feito à sua imagem e semelhança*". (Gênesis 1: 26)

Mas até aqui, reafirmo, não há como não ver nesta narrativa a sucessiva evolução do Universo e da Vida sobre a Terra e é até estranho que a Ciência tenha demorado tantos séculos, ou milênios, para descobrir a evolução da obra da criação e toda a ordem, toda a grandeza e todo o poder, ou a sabedoria do Criador, enquanto a mesma demora tiveram, ou ainda têm, muitos grupos religiosos, para entendê-la e aceitá-la na sua grandeza, ou na sua plenitude.

Dessa forma não resta dúvida de que, o fato essencial da criação e da evolução do universo e da vida, até a chegada da espécie humana está claramente afirmada, ou ensinada no Gênesis.

À Ciência experimental cabe definir como se deu essa evolução, pois que a Bíblia, não sendo um livro de Ciência, mas de fé, como já foi dito, ou de Revelação da verdade essencial, a criação e seu Criador, não pode ser tida como livro de ciência, nem teria como antecipar-se à ciência por milhares de anos.

Assim a descrição bíblica, revelada a verdade essencial de Deus Criador e da Criação, com razão deixou aos homens, à ciência, descobrir a forma como aconteceu a evolução, a verdade científica. A Bíblia foi escrita pelos profetas ou pelos sábios da época, de acordo com os conhecimentos da época e os objetivos da Revelação: a presença de Deus no processo, como Criador do Universo, da terra, da vida e do homem, como obra suprema da criação, como também já foi dito.

Ou haverá ainda outra espécie, depois da espécie humana, devendo o homem ainda chegar à dimensão plena do espírito – um novo passo da evolução, ou um Mistério ligado a seu papel ou a seu destino no projeto divino da Criação? ...A resposta é de acordo com a opção de cada um...

Se de acordo com a ciência experimental, a filosofia, ou a teologia, não existe dúvida quanto a evolução criadora da vida, quer vegetal, animal, e do homem enquanto pertencente a esta espécie (animal), quando se pergunta sobre a origem da vida, de onde ela veio, ali se inicia o desafio, primeiro à ciência, depois à teologia ou à fé.

As tentativas de responder a esse desafio pela ciência, desde os tempos mais antigos, têm passado especialmente por dois caminhos:

a) O primeiro, da geração espontânea.

A primeira tentativa de resposta, desde os tempos mais antigos, evoluindo até as mais recentes interpretações, que tentam explicar a origem da vida através de combinações químicas de elementos primários. Essas tentativas, parecem não perceber que a transição da não vida para a vida não se explica por uma simples evolução, mas necessariamente, tratando-se da existência de uma nova natureza, significa, literalmente, a existência de alguma forma de criação.

b) O segundo, da panspermia.

A segunda tentativa, genericamente utilizada a expressão panspermia, acredita que a vida teria vindo trazida de outros corpos celestes através do espaço. Por mais que se tentem explicações através da geração espontânea ou através da panspermia, mais ou menos experimentais ou, talvez, mais ou menos imaginativas, não vejo como possam ser uma explicação válida para a questão.

c) Da inconsistência ou da condição dessas hipóteses.

Na verdade, em relação à primeira hipótese, da geração espontânea, há de restar sempre a questão da causa. Havendo ou não alguma forma de geração através de elementos primários, resta explicar donde vem este poder generativo desses elementos que transformam a não vida em vida, ainda que primitiva...o que seria admissível, creio, se admitida a existência de uma potencialidade impressa pelo Criador, no que eu chamaria de pré vida.

Não sendo isto, haverá sempre este salto que vai além da mutação, como disse, da não vida para a vida. Na verdade, se faz necessário entender que mutação, ou evolução, é uma coisa. Não vida à vida, é outra coisa.

Em relação à segunda hipótese, da panspermia em suas diversas vertentes, é preciso perceber que, se for comprovada a vinda da vida a partir de outros corpos celestes, não se terá uma resposta sobre a origem da vida, mas apenas uma explicação sobre de onde veio a vida na Terra, talvez de um determinado ponto, restando a hipótese de ter vindo também de outros pontos.

Esta hipótese simplesmente desloca a busca da reposta para outros corpos celestes, ou para outros espaços, mas permanece a pergunta: como se originou a vida que se transportou para a Terra, desde esses outros espaços?

d) Da visão da teologia

Na falta da resposta das ciências experimentais, ou da lógica da filosofia, que mais não faz do que voltar à pergunta sobre a busca da causa, resta apelar à teologia, ou à Revelação. Na resposta da teologia em relação à origem da vida, persiste um debate entre os que defendem a intervenção divina direta não só na Criação, mas em cada etapa da Criação, de acordo com o que vimos no caso da passagem da não vida para a vida, negando, portanto, que o ser criado tenha em si mesmo o dom ou a capacidade de evoluir de uma para outra destas duas etapas. Esta uma linha do debate.

Mas há os que, resguardada a presença divina na origem e sua presença em consequência, no processo da evolução, tendo dado à criatura o dom de evoluir, propõe que, isto respeitado, a ciência responda sobre onde a vida se iniciou, de que forma se iniciou, se se iniciou apenas no nosso Planeta ou em outros corpos do universo.

No rastro dessas opções, surgem outras questões, como veremos. De modo geral, a questão dessas hipóteses apenas envolve uma dimensão de grandeza, ou da dimensão do próprio processo da criação e, nele, da espécie humana, como expresso, sem qualquer reparo em meu livro Participação e Solidariedade, que também não é nenhum livro de teologia e pode ser citado quando muito, um pouco além das ciências experimentais, alcançando alguma dimensão filosófica.

Nessa dimensão, o livro se refere à grandeza, ou à dimensão, da Consciência humana e sua consequente responsabilidade, caso se afirme ser ela a única consciência do universo, e como sem essa dimensão se tornaria diminuída a Consciência, no caso de se restringir sua dimensão ao Planeta Terra, admitindo, por pressuposto, a existência de outros sistemas conscientes no universo.

Literalmente diz o livro referindo-se à Consciência humana:

– "*ou não é a Consciência humana única do Universo? Os que tem do homem uma visão minúscula,* (por ser responsável apenas pelo planeta Terra) *de pronto, dirão que não é. Os que tem medo de admitir, no homem, dimensão tamanha,* (por se estender sua responsabilidade também sobre o universo) *tenderão também a dizer que não. Os outros, os que permanecem na dúvida criativa, continuarão na busca e assumirão, na revelação ou na fé, sua complementação, como ensina Santo Tomás de Aquino: Praestet fides suplementum sensuum defectui*".

Sirva, pois, a fé de suplemento quando os sentidos falham. Neste momento, retorna, portanto, a responsabilidade da resposta – o suplemento de que fala Santo Tomás, ao mundo da Revelação e da fé ou, eventualmente, da interpretação da teologia.

Isto considerado, parece que Carl Sagan ao afirmar que se nós formos a única espécie a habitar o universo, o universo seria um enorme desperdício, ele não percebeu que a questão não é tão simples assim, desprezando ou desconhecendo a hipótese de que esta espécie *criada à imagem e semelhança de Deus*, neste momento poderia estar apenas na pré-história de sua própria história, ou da história da criação e que, por isto, neste momento dessa história, a espécie humana poderia ser apenas a semente do que lhe está reservado a ser um dia no universo, em milhões e ou milhares de anos por causa da aceleração das mudanças, considerado o projeto divino da Criação...

PARTE 2

O MISTÉRIO DA ESPÉCIE HUMANA

3. Sobre a Origem da espécie humana

3.1. O que dizem as ciências experimentais e a lógica.

Se permanecem dúvidas em relação à origem da vida e se não há dúvida do ponto de vista das ciências experimentais, da filosofia e da teologia sobre o processo de evolução, a dúvida aparece quando, de repente, neste processo evolutivo surge um ser diferente dos outros, não na forma, mas na natureza, um ser que participa da matéria, que participa da vida, mas que é dotado de um atributo diferente que o diferencia essencialmente de seus ancestrais e do processo evolutivo havido até aquele momento.

Embora esse ser diferente, enquanto matéria e enquanto ser vivo, traga em si a dependência ao tempo e ao espaço, à finitude e ao limite, esse novo atributo o libera, o eleva além dos condicionantes da matéria, o liberta parcialmente do tempo e do espaço, parcialmente, porque sua participação na matéria o limita nessa libertação.

Ora, a libertação dos condicionantes do espaço e do tempo, como vimos, significa ser, ou participar, de outra ordem de ser, de outra natureza: o espírito, ou em outras palavras, significa que esse ser estranho no processo de evolução, o ser humano, participa simultaneamente de uma dupla natureza: a da matéria e a do espírito. É por isto que passa a ser, um ser à parte na criação e em seu processo evolutivo.

Da matéria, pode-se dizer que constitui um organismo, o mais complexo e ordenado, por isto, o mais completo dos seres em evolução. Esta complexidade lhe permite desempenhar grande variedade de funções, o que só é possível porque, sendo o mais complexo, é também o mais organizado, porquanto a maior complexidade pressupõe a maior organização, sob pena de se transformar em caos.

No entanto, por maior que seja a organização da complexidade orgânica, não há como explicar, apenas através da organicidade resultante, a libertação do espaço e do tempo, porquanto a complexidade é ainda material. Se há essa libertação do espaço e do tempo é imperativo admitir que essa complexidade orgânica, de alguma forma, é conformada por uma qualidade de outra natureza: o espírito.

Esta nova natureza, digamos terceira natureza, resultante da presença, ou da união da matéria e do espírito existindo em unidade, constitui a própria Consciência humana, com sua variedade de funções que nem a matéria, ainda que viva, ou o espírito puro por si, poderiam explicar.

Consciência, Espírito, Alma, não importa o nome que lhe seja dado.

As funções que independem do tempo e do espaço, atributos do espírito, na espécie humana se tornam dependentes da matéria, se condicionam aos limites relativos ao espaço e ao tempo e caracterizam dessa forma a Consciência ou a própria identidade dessa espécie evoluída, mas limitada.

Assim, embora a auto percepção, o pensamento, a inovação, o conhecimento abstrato, o próprio sentimento humano, sejam funções específicas, exclusivas da Consciência, embora esses atributos possam nos levar, ou nos transferir instantaneamente, para qualquer lugar, ou para qualquer tempo, há uma limitação nessa transferência. Por exemplo, não conhecendo tudo, o pensamento, ou o sentimento ou qualquer outro atributo da Consciência, não podem nos fazer presentes simultaneamente em toda parte ou em todo tempo, ou por si nos revelar a natureza dos fatos ou das relações que tornamos presentes. O corpo, que nos limita, não participa da dimensão da consciência e, portanto, estamos definitivamente dependentes da matéria.

Essas e outras limitações da Consciência - à parte de nossa participação no espírito, nos são impostas, pois, por esse condicionamento à matéria, repito e tento explicar melhor. Esta é a razão porque a natureza material do organismo que contém ou que está substancialmente unida à dimensão espiritual, exerce, ou condiciona tudo, inclusive o espírito, a todas as limitações inerentes à matéria.

Partindo, pois, do pressuposto lógico, de que o menos não explica o mais, a não ser que o mais já esteja embutido no menos, ou mais simplesmente, partindo do pressuposto de que não existe efeito sem causa análoga, é logico e racional admitir-se que, de alguma forma, o espírito foi infundido por uma ação externa, de fora do ser material, ainda que vivo e evoluído, ainda que admiravelmente organizado (a complexidade ordenada em órgãos).

Foi esse organismo complexo e ordenado que deu à espécie humana as condições de receber o espírito - a Consciência, e funcionar com a participação nessa outra ordem de ser, ou de percepção e de outros atributos de natureza espiritual, mas não teria condições de gerar-se por si, porque são duas formas de ser de natureza diferente e isto é evidente.

Face ao exposto, é preciso considerar, ainda que, em consequência, só as ações independentes do espaço e do tempo, ainda que limitadas, são especificamente humanas, como o pensamento e os demais atributos da Consciência já referidos, que nos permitem estar presentes em qualquer tempo e em qualquer lugar; a auto percepção que nos identifica como uma unidade existente diante de nós mesmos; a criatividade que nos permite imaginar coisas novas e ainda inexistentes; a capacidade, enfim, de criar, de pensar ou fazer coisas novas e diferentes, pressupostos da liberdade. Perceber, se auto perceber, pensar, criar, imaginar, essas são funções típicas e exclusivamente humanas, decorrentes de nossa natureza espiritual, ainda que limitada pela nossa natureza ao mesmo tempo material.

Por isso constitui um equívoco falar-se, a não ser que seja apenas de forma análoga, em inteligência artificial ou consciência animal, quando essas funções, de forma análoga, repito, são partilhadas, por seres de natureza exclusivamente animal, ou apenas materiais, como máquinas ditas inteligentes, ditas também de inteligência artificial.

No entanto, esse tipo de funções animais ou artificiais, embora análogas, de forma alguma podem ser confundidas com ações humanas conscientes, por dependerem integralmente (não se conseguirá jamais que o cachorro conte a história de seus antepassados, ou que deseje viver na Austrália, estando no Brasil) do espaço e do tempo e, portanto, não serem da mesma natureza da consciência humana, espiritual, ou das funções humanas, ou simplesmente da espécie humana, das funções exercidas pela espécie humana. Essa distinção é fundamental.

Por todas essas razões, considerando-se que para todo efeito se exige uma causa de dimensão equivalente ou superior ao efeito, se impõe, para criação da espécie humana por participar de uma dimensão espiritual, que além do processo de evolução, tenha sido também objeto de um ato criador de quem já possui anteriormente esse atributo, o atributo espiritual.

Só um poder externo e preexistente pode explicar o aparecimento no processo evolutivo, de um ser dotado desta dupla natureza, ou seja, da natureza material, viva, fruto de um longo processo de evolução e da natureza espiritual, feitas uma só identidade ou, pode-se dizer, uma nova natureza, uma terceira natureza diferente de tudo o mais produzido pela evolução.

Este ser simultaneamente material e espiritual, tornou a nova espécie única na obra criadora, única e diferente de toda Criação (ao menos da criação enquanto conhecida). É neste ponto que se ultrapassam as ciências experimentais e a própria filosofia, remetendo o Mistério que resta aos domínios da teologia, da Revelação ou da fé. A não ser que se opte para a renúncia a toda compreensão sobre o essencial, ou seja, se opte mais uma vez pelo absurdo de não entender...

A Atenho-me narrativa bíblica sobre criação da espécie humana, sobre essa junção matéria-espírito, para ver até onde a Revelação e a fé, ou a teologia, podem nos ajudar a compreender, ou a admitir o Mistério.

3.2. A Narrativa da Bíblia e a interpretação da Teologia.

a) Entendimento prévio.

Conforme foi visto na primeira parte deste livro sobre a criação do universo, a narrativa bíblica não deve ser considerada estritamente uma narrativa científica, pois a Bíblia é um livro que, valendo-se dos conhecimentos em voga na época, ou nas épocas, em que foi escrita cada parte, teve, sob a inspiração divina, como objetivo ensinar a verdade essencial sobre a criação do universo, com tudo o que nele há, em dias, ou etapas sucessivas, incluída a criação do homem, bem como tudo o que lhe foi revelado, sobre seu Criador. Mas não foi na essência nem um livro de história, nem de antropologia, ou de qualquer livro de ciências experimentais

No item anterior foi visto que, do ponto de vista experimental ou mesmo da lógica da lógica da filosofia, não se explica, através da simples evolução, atributos de natureza do ser espiritual de que participa essa espécie, a espécie humana, ou seja, a participação de algo além do espaço e do tempo.

A narrativa bíblica, pois, assim como não pode ser lida como um livro de ciência, mas como um livro da Revelação divina sobre questões de natureza essencial, deve, no que se refere aos aspectos históricos, ou materiais, ser entendida na perspectiva dos conhecimentos, ou das realidades humanas das épocas em que foram escritas.

É por falta dessa percepção que, frequentemente a Bíblia é mal interpretada, quando em suas dimensões materiais - a história, os costumes, a linguagem, etc., é vista não à luz dessas realidades da época em que foi escrita, mas à luz dos conhecimentos, da doutrina, ou dos comportamentos modernos, de hoje.

Por isto, para ser bem entendida ou bem interpretada, na narrativa bíblica, devem ser adequadamente distinguidos seus conteúdos revelados, sua mensagem essencial ou transcendental, da forma dessa narrativa, como foi dita ou expressa de acordo com os conhecimentos, costumes, valores, etc., das diversas épocas em que foi escrita, repito mais uma vez, porque essa distinção é absolutamente essencial.

Penso, e creio que é um pensamento geral dos que se debruçam seriamente sobre a questão, que a fidelidade aos conhecimentos e às culturas da época em que os fatos foram narrados, só aumentam a credibilidade da narrativa e sua validade, permitindo melhor entender, a partir dos cenários descritos, seu significado essencial, que é revelado.

Se essa percepção for considerada e, no caso, considerada especialmente essa distinção, melhor pode ser interpretada a narrativa bíblica, como por exemplo:

- se a criação da espécie humana aconteceu a partir de um casal ou de toda uma espécie que evoluiu;
- se a prevalência do homem sobre a mulher, que está presente não só no Gênesis, mas em geral, nos demais livros da Bíblia, significa um conceito machista, ou se só se torna condenável se vistos à luz dos valores atuais;
- se, como pode ser visto no episódio da angústia de Caim de ser assaltado e morto em sua fuga, após ter assassinado seu irmão, constitui uma contradição como está oportunamente anotada adiante quando for narrado esse episódio, ou se o episódio tem apenas um significado moral...

Na verdade, mais do que responder a essas questões, que deixarão de existir se postas em seus devidos termos, segundo a própria teologia ou a fé, na obra da criação, o Gênesis quis afirmar especialmente:

- a existência de um Deus Criador de todas as coisas, Espírito puro, por isto eterno e absoluto.
- na espécie humana, a existência do Espírito, da Alma, ou da Consciência (não importa o nome mas o conteúdo do nome) como um dom de Deus dado a uma de suas criaturas, o homem ou a espécie humana, dom que torna o homem, ou a espécie, *à sua imagem e semelhança*;
- a imortalidade da espécie humana, decorrente de *sua imagem e semelhança* com seu Criador, ou seja, de sua participação da natureza do além do tempo e do espaço, ainda que de forma limitada e condicionado à matéria;
- a responsabilidade moral da espécie humana, decorrente do atributo inerente à Consciência, da qual decorre necessariamente a Liberdade, portanto a capacidade de conhecer, distinguir ou praticar o bem ou o mal;

- a identidade, ou personalidade da mulher, por isto narrada sua criação à parte da criação do homem, embora a partir dele, para significar a união, o amor e, simultaneamente, a mesma dignidade entre ele e ela, episódio, esse da criação em separado, de forma nunca atribuída a qualquer outra espécie.

Faz parte ainda da doutrina teológica neste contexto, a narrativa do mau uso da Consciência humana, que explica a" queda", o pecado, ou a desobediência, não importa o nome, isto é, o desvio da espécie humana da ordem natural estabelecida pelo Criador através da natureza criada, que deu origem, de um lado ao sofrimento humano (pelo desvio do uso da consciência) e, de outro, ao Projeto da Redenção, (pela pré ciência do Criador das consequências da concessão da Consciência por consequência da Liberdade)) dimensões essenciais da história da espécie humana, desde sua origem e, seguramente - objeto da lógica e da fé, até sua consumação, percebendo sempre que a Bíblia, quer na antiga como na nova Aliança, gira sempre em torno do Projeto Redentor.

Não é essencial a forma como isto tenha acontecido, porque se fosse essencial, a forma, o meio, os personagens da narrativa bíblica e suas consequências, não se repetindo jamais, pois jamais se repetiriam a Liberdade, a Consciência e, portanto, todo o significado da espécie humana ou da própria criação.

Creio ser esta também a linha da teologia oficial, que é a adequada interpretação dos fundamentos essenciais da fé e, por isto, nesta perspectiva podemos caminhar na história da espécie humana, ontem como hoje e para o futuro, na união e na intercomplementariedade da ciência, da lógica, da teologia e da fé.

b) A criação do Homem

Na perspectiva proposta, a Revelação, através da Bíblia e a teologia que a interpreta, atribuem, a criação do homem a uma intervenção especial do Ser, esse espírito absoluto e eterno que já analisamos, Deus, por isto, criador mas não criado, sem limite de qualquer espécie, especialmente do espaço e do tempo como ensina também São João, apóstolo já citado.

A narrativa Bíblica é bastante conhecida: "*Deus formou, pois, o homem do barro da terra, e inspirou-lhe nas narinas um sopro de vida e o homem se tornou um ser vivente*" (Gênesis 2: 7).

No entanto havia neste ser uma intenção no Plano da Criação preexistente. O Criador já decidira (uso essa expressão analogamente) fazê-lo, não igual a si mesmo (o que seria impossível dois absolutos), ou igual às outras espécies vivas e evoluídas, mas fazê-lo à sua própria imagem e semelhança "*façamos o homem a nossa imagem e semelhança*" *disse Deus.* (Gênesis 1: 26)

A imagem e semelhança a que se refere o Livro, evidentemente não está na matéria, na forma, no peso, tudo condicionado ao tempo e ao espaço, da qual foram feitas todas as coisas. Nem está na vida, já concedida a todos os seres vivos. Na verdade, neste Capítulo a Bíblia pode ser entendida como o anúncio de que Deus faria de uma determinada espécie um ser, "*uma nova espécie feita à sua imagem e semelhança*, propósito que ele pôs em prática como narrado no Capítulo 2: 7 do Gênesis soprando num indivíduo dessa nova espécie, vindo do barro, a forma figurada da matéria de onde se originaram, ou foram criadas, ainda que pelo processo da evolução, todas as espécies, todas as coisas vivas.

No caso do homem, a Bíblia registra algo mais, ao dizer que naquela imagem formada de barro, (um ser evoluído como os outros), Deus inspirou um "*sopro de vida*" e isto nos permite afirmar que, neste sopro de vida, esta nova criatura, provinda do "barro", recebeu algo mais além da vida das outras espécies. Recebeu uma participação que a tornou "*à imagem e semelhança*" (Gen.1: 26) de si mesmo, como planejara, portanto, independente do espaço e do tempo, ou seja, participante do espírito, o que significa, imortal, participante do eterno e do infinito de Deus.

Nesta narrativa da criação do homem, está o próprio fundamento da fé, ou do significado divino, ou religioso, da espécie humana.

c) *Considerações sobre a criação da mulher.*

Na criação da espécie humana, deve-se concluir que se inclui a criação da mulher, não só do homem. O Gênesis, no entanto, relata a criação da mulher à parte da criação do homem (Gen18 : 26).o que não ocorre com nenhuma espécie animal.

Talvez a Bíblia queira dar uma atenção especial à criação da mulher, significando, de imediato, que ela não seria, no seu Plano Criador, apenas uma fêmea, como no processo de evolução dos animais, onde essa criação à parte em nenhum momento é narrada.

Mas embora, segundo a narrativa bíblica, a tenha feito do homem, ou através do homem, seguramente o Criador quis revelar serem ambos da mesma espécie mas tendo ela uma identidade própria, maior do que atribuir-lhe simplesmente as funções de fêmea, como nas outras espécies. Assim, ela é uma criação desejada por Deus para o homem, (*não é bom que o homem esteja só,*(Gênesis 2:18.) nascida dele, mas criada à parte, e nisto, creio, está desde o início, afirmada sua autonomia, a identidade própria da mulher e, portanto sua dignidade.

A visão da fé, dos que creem num plano Redentor, permite ir além. Talvez neste gesto, que expressa a dignidade da mulher, quis o Criador, antecipar o que era reservado à mulher em seu Plano Redentor: a geração do Redentor, na carne da mulher, nascido por obra d'Ele, no seio de uma mulher, independente da participação do homem nessa geração, porque nascido do Espírito Santo, como vimos e melhor tornaremos a ver no nascimento do Redentor.

De toda forma, outras razões também podem ser alegadas. Talvez o autor do Gênesis ao relator o episódio do sono e da retirada da costela de Adão para formar Eva, tenha dado a esse episódio o sentido estrito que guarda outro símbolo de caráter moral, ou teológico: as diferenças entre o homem e a mulher, mas com a mesma dignidade, ambos criaturas da mesma espécie e da mesma origem, mas diferentes, não iguais para se anularem, ou se repetirem mutuamente, mas iguais na dimensão e no cumprimento da diversidade das funções de cada um, e em suas responsabilidades.

d) Se a diversidade das espécies inclui a espécie humana.

Sobre esta última questão, é preciso inicialmente considerar que nenhuma ciência experimental ainda conseguiu dar uma resposta. No entanto esta questão induz consequências tanto no campo das ciências sociais como na filosofia, especialmente na ética, no direito, como também na teologia e na fé.

A pergunta é: terá havido um só casal inicial na origem da espécie humana, ou terá existido mais de um casal, ou toda uma espécie que evoluiu?

Para os que negam uma intervenção do Criador na origem da espécie humana, parece normal que uma espécie animal tenha evoluído, em vários pontos do globo e em períodos diferentes, passando de sua condição animal para uma condição humana. Se sim, só restaria pesquisar em cada lugar e em que cada camada do extrato temporal das escavações e, talvez, chegaríamos até com relação às diferentes espécies de hominídeos, perpetuando-se em seus descendentes.

No caso da intervenção divina, a questão toma outra dimensão. Não conheço, e creio que não há, na interpretação teológica, a hipótese defendida de que esta ação divina tenha se repetido em vários lugares, criando vários casais, em vários tempos, ou vários lugares – hipótese que, sem dúvida, criaria novas e complexas questões.

Enquanto a hipótese da criação única simplesmente tem um corolário absolutamente importante, ou seja, que essa nova espécie, a espécie humana, a partir do ato Criador, resultaria em uma forma própria e, por pressuposto única, de evolução, resultando na igualdade de todos os membros da espécie, sob todos os aspectos, tanto espiritual, como também biológica, racial ou material e as diferenças do DNA ultimamente em moda, não alcançam essas dimensões. São identificadas apenas marcas, ou diferenças individuais, não de espécie.

A evolução múltipla, ou mesmo a hipótese inexistente de uma criação múltipla, ensejaria a suposição de haver categorias humanas diferentes dentro da mesma espécie humana

Esta hipótese traria consigo gravíssimas consequências. Admitida esta evolução por espécie, em tempos diferentes, em diferentes lugares, até de espécies animais diferentes, seria inevitável admitir perigoso argumento em favor da diferença, ou até da superioridade de raças sobre outras raças, como também em favor de condições e identidades diferentes dentro da espécie humana. Sobre qualquer de seus atributos.

O que tem a dizer as ciências experimentais, especialmente as ciências sociais, sobre a diversidade de espécies dentro da espécie humana e suas consequências?

Aí estão indagações, a serem respondidas pela ciência experimental, ou mais um Mistério cuja resposta permanece no campo da teologia, da Revelação, ou da fé. Ou do absurdo.

4. Do bom e do mau uso da Consciência humana.

4.1. O Mistério do bem e do mal.

A queda inicial da espécie humana - ou seja, o mal presente desde que se sabe dessa espécie, poderia ter sido a frustração do projeto da criação, como obra divina, portanto do sumo bem.

Neste contexto surge a questão a cuja dimensão em vão tentam responder as ciências experimentais, como a psicologia, a sociologia e a biologia, ou também a filosofia com evidente repercussão na teologia e na fé. Esta é uma interrogação fundamental para todos os que tem consciência das realidades do homem e da sua espécie, ou da humanidade: a questão do bem e do mal e, em seguida, do sofrimento humano.

Há várias interpretações que buscam respostas para esse Mistério. A corrente que atribui ao mal uma identidade própria, que decorre da própria dualidade da espécie humana, matéria - espírito, sendo a matéria a origem de todo mal, numa permanente luta entre ela, a matéria, e o bem, o espírito, em processo contínuo de purificação.

Essa corrente tem sua origem no maniqueísmo, uma interpretação filosófica e religiosa, pregada por Manes, ou Maniqueus, um sacerdote persa que viveu entre os Séculos III e IV DC na Síria, e imaginou sintetizar em sua doutrina as três grandes revelações religiosas: o Bramanismo, o Budismo e o Cristianismo. Sua doutrina se espalhou nos séculos seguintes pelo mundo antigo, na Europa especialmente no sul da França onde inspirou algumas dissidências na religião católica, como a dos Albigenses e dos Cátaros, todas condenadas pela Igreja como heresias, em vários de seus Concílios, incluindo o próprio maniqueísmo, solenemente condenado pelo IV Concílio de Latrão, em 1215.

Na verdade, ao atribuir a origem do mal e, portando, do sofrimento humano à matéria, e tendo sido a matéria criada por Deus, ter-se-ia como conclusão que Deus teria sido também o autor, ou a origem do mal e do sofrimento humano.

O maniqueísmo chegou ao norte da África ainda durante a vida de Manes, pelo fim do século III e teve entre seus discípulos um jovem brilhante que, após converter-se ao cristianismo por influência de Santo Ambrósio, Bispo de Milão, veio a se tornar bispo de Hipona. Morto no ano de 430, Agostinho foi declarado santo e doutor da Igreja.

No exercício de seu múnus pastoral, Agostinho se tornou um severo crítico da doutrina de Manes, expondo em seus livros e pregações sua própria interpretação da origem do bem e do mal. Na perspectiva de Santo Agostinho, o mal não existe por si. O mal é a ausência de um bem que deveria existir e não existe, não é praticado, ou é praticado erroneamente. O mal é, portanto, um produto da Consciência, ou das opções humanas.

Neste raciocínio não existe um criador do mal, se não a própria Consciência humana, e sua capacidade de ordenar ou praticar o ser – os seres e suas relações – podendo ordená-los de acordo com sua natureza – o bem, ou em desacordo com ela – o mal. Nesta interpretação, Deus apenas é responsável pelo maior bem que quis transferir, e transferiu, à criação: algo à sua *imagem e semelhança*: o Espírito, a Consciência que deveria ser usada para o bem.

Se deduz também que, se fosse tirada do homem a Consciência, ou se o Criador preferisse não ter em sua obra criadora um ser "*a sua imagem e semelhança*", o mal não existiria. Mas Deus, mesmo sob esse risco, preferiu criar o homem, a quem dotou de Consciência, isto é, da capacidade de distinguir, ou melhor, de optar, ou ainda melhor, de fazer, ou enfim, de criar o bem ou o mal.

Não há como não refletir na enormidade da dimensão, ou da dignidade humana, por causa da Consciência e da Liberdade que dela decorre, ou como não refletir, se não entender ao menos vislumbrar, a dimensão do Projeto Redentor, decorrente do projeto divino de fazer, através de Consciência e da Liberdade, uma espécie de criatura *à sua imagem e semelhança,* repito, a espécie humana.

Na verdade, constitui mais um Mistério insondável, que de forma imprópria eu chamaria de teimosia do Criador, que chegou ao limite de criar simultaneamente uma espécie dotada de Consciência e de Liberdade, e sabendo que ela poderia, e efetivamente usaria mal a Liberdade, criar outro Mistério, o Mistério de um Projeto Redentor, Mistério não por sua história, ou pelo fato em si, mas pela dimensão ou profundidade das intenções, ou do Amor do Criador.

Nesse Projeto toda a dimensão de seu Amor está, no ter nele empenhado uma parcela de si mesmo, seu próprio Filho, que anunciaria e traria a salvação, ainda que à custa de sua morte corporal em meio a sofrimentos humanos, embora ressuscitando para sua dimensão divina, dando à espécie humana o caminho e os meios de superar seus erros em favor do bem.

Dessa forma, é de um preço incomensurável na economia divina a dimensão, o valor, ou o preço, da Consciência humana e seu uso, e da Liberdade e seu uso, ou em resumo, o valor, ou a dignidade, da espécie humana.

Aliás foi o Papa Francisco quem falou que Deus apostou no jogo da Liberdade e, nesse jogo empenhou seu próprio Filho, no projeto da Redenção. Este Mistério do Criador nos remete ao episódio da opção equivocada do primeiro casal, Adão e Eva, na história bíblica. Nesse episódio se delineia a questão do bem e do mal numa simbólica narrativa do Gênesis, segundo a qual, enquanto o primeiro homem, Adão e sua mulher viviam no Paraíso, Eva foi tentada pela serpente a comer do fruto da árvore do conhecimento, o que lhe fora proibido pelo Criador. Ela comeu, gostou e ofereceu-o a Adão que também comeu e gostou.

Eles descobriram em seguida que estavam nus, recebendo a serpente a maldição de Deus e o casal desobediente sendo expulso do paraíso e tendo eles com seus descendentes de sofrer e morrer, sobrevivendo com o suor de seu rosto no cultivo da terra que além de seus frutos, produziria espinhos.

Nesta simbólica narrativa do Gênesis, e no antigo Testamento, que iremos compreender melhor na parte final, se pode já agora entender um pouco: o episódio do pecado, da culpa, ou da queda original e do sofrimento humano, narrado pela Bíblia a seu modo, repito, querendo ensinar que desde sua origem houve uma opção errada no uso da Consciência humana, ou no exercício da Liberdade. Mau uso que, com a Consciência, foi herdado de geração em geração, e será herdado enquanto for herdada a Consciência, isto é, enquanto existir a espécie humana: mau uso, pecado, queda ou mancha original, não importa o nome.

4.2. O Projeto Redentor e sua origem.

No pressuposto lógico de que o Criador ame sua criatura, e a tal ponto a tenha amado que quis, através da espécie humana, ter *uma criatura à sua imagem e semelhança*, repito, não teria sentido que deixasse essa espécie sem remédio para seus erros.

Se o Criador sabia que ela poderia, e haveria de errar, recebendo esse dom, e que o erro poderia se repetir, e se repetiria, permanentemente através das gerações, Ele simplesmente poderia ter sacrificado, ou retirado dela a Consciência, como castigo, que esta provavelmente seria a forma humana de agir. Não foi o que quis fazer o Criador, levado pelo Amor à sua criatura.

Ele teve em sua mente desde o primeiro momento, um Plano Redentor, que criou, não como consequência da queda, mas na lógica do resgate, da redenção de sua criatura a quem "teimou", repito de forma imprópria, em dar a Consciência e a Liberdade. Este doloroso, mas maravilhoso Projeto da Redenção, Mistério concebido desde o primeiro momento, se assim se pode expressar, do Plano da Criação, acompanharia a espécie humana, da mesma forma como a queda ou a Consciência acompanharia as gerações, de geração em geração. Uma herança coletiva, porque a Consciência foi dada à espécie.

Este fato do dom concedido à espécie, no entanto, não elidiu a responsabilidade individual por causa do uso individual da Consciência, ou das opções individuais. Neste contexto do bem e do mal e do Projeto Redentor, cabem ainda as necessárias considerações sobre uma questão muito próxima do bem e do mal, talvez um Mistério que, da mesma forma que a queda e o Projeto Redentor, acompanha a espécie humana: a existência de seres do bem e do mal

4.3. Os Anjos, ou seres do bem e do mal

Há um outro Mistério, no contexto da herança do bem e do mal: de ter entrado o mal ou o sofrimento no mundo através de outra espécie, representada, na imagem bíblica, pela serpente, o ser do mal. Nos encontramos diante de um novo Mistério: o de ter existido antes da criação da espécie humana uma outra criatura, no decorrer da Bíblia apresentada como uma espécie em parte definitivamente decaída, ou sejam seres do mal, e outra parte definitivamente constituída de seres do bem.

Tal dicotomia, de uma espécie dividida em seres definitivamente do bem e seres definitivamente do mal, nos induz a concluir que houve uma espécie de criaturas que tiveram e perderam a Liberdade.

A Bíblia se refere frequentemente à existência dos seres do mal, como espíritos decaídos apresentados como demônios, ou anjos do mal.

Assim a Bíblia, além da queda original a que foi induzida Eva, o espírito do mal aparece em dezenas de episódios, sendo um dos mais audaciosos a tentação feita ao próprio Redentor no deserto, conforme está narrado nos evangelhos e em outras narrativas no antigo e no novo testamento.

Da mesma forma a existência dos espíritos do bem, anjos de Deus, seus mensageiros, aparecem em muitos episódios, desde seu aparecimento à Abraão e a outros patriarcas e profetas do judaísmo, até num dos mais belos episódios narrados nos evangelhos: a anunciação à Virgem Maria, da geração e nascimento em seu seio virgem do Salvador, ou ainda, no encontro do anjo no sepulcro vazio do Redentor, anunciando às mulheres a sua Ressurreição.

Creio que este, o da existência da espécie de puros espíritos, os do bem e os do mal, constitui mais um Mistério insondável envolvendo talvez, como foi dito, uma criação anterior à criação da espécie humana, uma espécie de seres puramente espirituais, dotados de liberdade, pois ao contrário não haveria parte da espécie decaído.

Neste caso, o preço pago pela espécie foi a perda da Liberdade, dando origem aos seres necessariamente do mal, os que optaram por rebelar-se contra Deus, e aos seres necessariamente do bem, os anjos mensageiros ou intermediários de Deus com a espécie humana, protetores da nova espécie, onde a liberdade foi mantida apesar da queda da espécie, embora, ou porque condicionada à limitação da matéria, ou pelos insondáveis desígnios de Deus, entre os quais, o da existência do Plano divino da Redenção de sua nova criatura.

Não creio, no entanto, como se possa ir além no entendimento desse Mistério, mesmo apelando à Bíblia, à Revelação, ou à teologia, restando apenas a fé.

Enfim entre os Mistérios postos neste contexto da existência do bem e do mal, cabe uma reflexão sobre o sofrimento e as angústias humanas.

4.4. O sofrimento e as angústias humanas.

A psicologia, a medicina, a psiquiatria, a pedagogia, enfim toda uma gama de ciências experimentais em vão tem tentado explicar ou curar o sofrimento e as angústias humanas, avultando, ou sobressaindo-se, desde o último século, entre elas, a psicanálise de Freud e seu diversos ramos a partir de seus seguidores.

No entanto, o sofrimento humano tem acompanhado e acompanhará a espécie humana, porque, segundo a narrativa bíblica, de certa forma, ou de alguma forma, o sofrimento e as angústias humanas se explicam também como consequência da escolha inicial equivocada, consequência da existência na espécie humana do atributo de optar pelo bem ou pelo mal. Tem sentido, pois, que, como a queda inicial, a dor e o sofrimento acompanhe a humanidade de geração em geração, a dor e o sofrimento e suas consequências, e sigam a mesma lógica.

A narrativa bíblica sobre a queda inicial inclui suas consequências, a expulsão do paraíso, o sofrimento e a morte. O Gênesis não demora muito para mostrar que o mal, o sofrimento e a morte aconteceriam e todo o sofrimento decorrente, narrando o ocorrido já na primeira geração, com dois dos filhos de Adão e Eva, Caim e Abel. (Gênesis 4:1-8)

Embora na angústia de Caim após ter matado o irmão, numa informação insólita, se se tratasse de história, uma vez que segundo a mesma narrativa, por pressuposto, o mundo ainda não estava povoado ele, *Caim, revela o medo de ser morto por alguém com quem se encontrasse na fuga a que estava condenado* (Gênesis 4:10-14). Resta claro, assim, nessa informação seu objetivo essencial, que o sofrimento e a dor, o medo ou a angústia, hão de acompanhar o mal.

Por isto, refletindo sobre esse episódio, vê-se que o mal, o mau uso, ou o desvio da Consciência, constitui uma das fontes do sofrimento humano. A inveja, que embotou a consciência do assassino, a mesma inveja, como outros tantos desvios, o orgulho, a soberba, a avareza, ambição, como a inveja de Caim, continuam hoje provocando a dor, o sofrimento e a angústia no mundo.

De toda a forma, no projeto da Redenção, também, há remédio, ou auxilio para a superação do sofrimento humano na fé e no exercício de suas liturgias, especialmente nos sacramentos, e, especificamente, na confissão e no perdão divino das quedas humanas, muito antes de Freud, ou do mau uso de suas Consciências, mediante o acesso a esses meios.

Assim, do mau uso das Consciências humanas, se originam parcelas significativas do mal, do sofrimento e das angústias da humanidade, desde as restritas às pessoas ou a grupos humanos, até aos conflitos extremos, as guerras, a miséria, a fome, as perseguições e as mortes, com todo o sofrimento e a angústia que os acompanham.

Hoje a avareza, o orgulho, a ambição que levam a concentração da riqueza, do conhecimento e de seu mau uso, constitui uma das maiores causas do sofrimento de milhões de pessoas, vítimas da fome, das ideologias do poder, do racismo e até, por absurdo, dos fundamentalismos religiosos e de outras espécies. No entanto, além do mau uso da consciência humana, há outras razões que provocam a dor, o sofrimento e as angustias humanas.

O sofrimento pode ser também consequência de eventos da natureza, da qual o ser humano é parte, e decorre das próprias limitações da espécie humana, como de toda natureza em evolução constante, portanto sujeita aos efeitos das mudanças contínuas que geram consequências.

Mas mesmo nesses casos, embora nem todo acidente natural seja causado pelo homem, e a história está repleta de fatos dessa natureza, como por exemplo a erupção do vulcão Vesúvio, que soterrou Pompeia, hoje, e cada vez mais, os acidentes naturais estão sendo provocados pela ação maléfica e irresponsável do homem sobre o Planeta, a destruição da natureza e de seus recursos, a poluição e a destruição da atmosfera, as mudanças climáticas e outros eventos da mesma natureza.

A responsabilidade do homem no sofrimento humano se torna mais grave, sobretudo se considerarmos que, ao contrário do mau uso do desenvolvimento da ciência e da tecnologia para produzir o mal, os avanços científicos e tecnológicos poderiam ser utilizados, em sintonia com a natureza, sua preservação e sua utilização para o bem. No entanto, mesmo nesse caso, do bom uso da ciência e da tecnologia, não há como evitar a forma extrema do sofrimento, a própria morte, como evento extremo inerente à matéria, parte da condição humana.

Enfim, sob esse aspecto, pode-se também atribuir à condição humana outra espécie de sofrimento mais difícil de entender e aceitar do que qualquer outro: o sofrimento dos inocentes. Seja o sofrimento das crianças inocentes, sejam os acusados ou os que sofrem injustamente, as vítimas de calúnias, de injustiças, de perseguições, etc. A esses, a Bíblia, já em tempos da Redenção, tem uma palavra de Jesus, em seu sermão das bem-aventuranças (Mateus 5:3-11) "*bem-aventurados sereis quando os homens vos odiarem, vos expulsarem, vos ultrajarem, e quando repelirem o vosso nome como infame por causa do filho do homem. Alegrai-vos naquele dia e exultai porque grande é a vossa recompensa no céu*".

O Papa Francisco, mais uma vez, refletindo sobre o sofrimento dos inocentes, especialmente das crianças, olhando para o Redentor, Jesus crucificado, respondeu: *Só resta olhar para Ele,* morto inocente em meio a indizível sofrimento.

São respostas para mais um Mistério, o do sofrimento dos inocentes, para os que creem e para que possam ser iluminados também, os que buscam respostas. Para os descrentes, ou para os simplesmente indiferentes, segue a conformidade com o não saber, ou a admissão do absurdo. Para todos, cada um a seu modo, o Mistério.

PARTE 3

O MISTÉRIO DA REDENÇÃO

1. Os Projetos da Criação e da Redenção da Criatura

Foi visto que, sendo parte do Projeto do Criador a criação de uma espécie à *sua própria imagem e semelhança*, dando-lhe para isto a Consciência e com a Consciência a Liberdade, e sabendo, em sua pré-ciência, igualmente, que, com a Liberdade essa espécie poderia optar pelo mal, e iria optar, junto com *essa imagem e semelhança*, Ele criou também um Projeto de Redenção para essa espécie, afim de que o bem prevalecesse sobre o mal e a espécie, e cada indivíduo dessa espécie, pudesse valer-se dele para percorrer o caminho da salvação.

Este Projeto da Redenção, com todos os Mistérios que o acompanham, constitui ao mesmo tempo a razão e o conteúdo essencial da fé, e é neste conteúdo essencial, com os Mistérios que ele traz, que esta terceira parte no traz à reflexão.

1.1. O Projeto da Redenção na antiga Aliança.

Segundo a Bíblia, a história do povo hebreu, escolhido pelo Criador como depositário de seu Projeto Redentor, começou com Abraão, na vigésima geração desde Adão e Eva, o primeiro casal da espécie humana, ou na décima geração a partir de Noé, o sobrevivente do dilúvio.

Abrahão teria vivido pelo ano de 1.800 antes de Cristo e foi chamado de Ur, na Caldeia, onde nasceu, para tomar posse e habitar na Palestina, onde sua descendência constituiria um grande povo depositário fiel da herança do Criador, o Deus único, e de sua promessa, a Redenção.

Na verdade, embora seja Abraão considerado o patriarca, o fundador, ou a origem do "povo de Deus", escolhido para guardar a natureza do Deus verdadeiro e seu projeto Redentor, a Bíblia divide esse tempo em vários períodos contados em gerações e marcados de alguma forma por Deus, através da intervenção direta em sua história, através de castigos ou de recompensas ao povo escolhido, como forma de manter intacta sua Aliança.

O primeiro período comportaria dez gerações, desde Adão e Eva até Noé, que salvou a continuidade da espécie humana prostituída em seus costumes e na sua crença inicial em um Deus Criador a quem renegou, bem como a continuidade das espécies animais.

Isso ocorreu quando esse homem justo, Noé, obediente à ordem de Deus construiu a grande Arca onde embarcou com sua família e um casal de cada espécie animal terrestre, salvando-se a si, suas famílias e às espécies animais. Assim, do dilúvio que submergiu a terra durante os 40 dias e 40 noites de chuva ininterrupta, seus descendentes repovoariam a terra.

O Capítulo 9 do Gênesis narra a promessa da Aliança que Deus haveria de fazer não só com o homem, mas com e todos os seres vivos da terra:

"Disse Deus a Noé e a seus filhos: "Vou fazer uma Aliança convosco e com vossa posteridade, assim como com todos os seres vivos que estão convosco" (Gênesis 9: 8-10), promessa que seria selada com o povo hebreu 14 gerações depois, por meio de Abrahão, considerado o patriarca desse povo

Importante registrar, e isto está explícito nos versículos seguintes, que a aliança se estende a todos os seres vivos que estavam com Noé, donde se deduz que o dever de preservação dos animais, constitui um mandamento bíblico para todas as gerações.

Em relação à promessa da Aliança, na décima geração desde Noé, pelo ano de1800 AC. Deus interveio na história, convocando um dos descendentes de Noé, Abraão, para que emigrando de sua cidade natal de UR se dirigisse à Palestina, onde renovou com Deus a "Aliança" de fidelidade sua e de sua descendência, que se constituiria num grande povo. O povo eleito para guardar o Deus único e a promessa da Redenção, como foi dito.

Cerca de 500 anos depois, os descendentes de Abraão, escolhidos para ser o grande povo, esquecido também da Aliança, acabou por tornar-se escravo dos Egípcios, escravidão que durou mais de 300 anos. Passado esse tempo de escravidão, pelo ano de 1170, Deus, que não esquecera da Aliança com seu povo, fez surgir um grande líder, Moisés, que tirou o povo da escravidão do Egito e o fez retornar à terra prometida da Palestina.

Durante esse retorno, Deus serviu-se de Moisés para confirmar sua Aliança através da prescrição de 10 mandamentos, que deveriam ser guardados e seguidos pelo povo eleito.

Na décima quarta geração, desde Abraão um de seus descendentes, David, foi escolhido por Deus para organizar o povo hebreu numa grande Nação, isto pelo ano 900 AC. Até essa época os hebreus viviam dispersos em 12 tribos diferentes, e com David tornaram-se um grande Reino que, no entanto, pelas contínuas infidelidades do povo à Aliança, teve sua duração interrompida 500 anos depois, e as classes úteis do povo foram levadas como escravas para a Babilônia, onde penariam por mais de 50 anos, enquanto o magnífico templo construído por Salomão, filho de David, onde se guardava a Arca da Aliança, o tabernáculo sagrado dos dez mandamentos, foi completamente destruído pelos invasores, juntamente com a própria cidade de Jerusalém.

Cinquenta anos depois do exílio, libertados por vontade de Ciro, Rei da Pérsia, voltando a Jerusalém, reconstruíram o novo templo, símbolo da Aliança. No entanto, o povo escolhido passou ainda por uma série de conflitos, acabando dominado pelos romanos, ainda antes da época da vinda de Jesus, o Redentor prometido, que não foi reconhecido pelas elites dirigentes, sendo o povo hebreu disperso mais uma vez pelo mundo, e seu Templo novamente, e em definitivo arrasado, já no ano 70 depois do nascimento de Jesus Cristo.

Não há como não ver nessa dispersão definitiva (não considerada a recriação do Estado de Israel, mas sem qualquer conotação religiosa, ocorrida no ano de 1948) do povo hebreu, o término de sua Aliança com Deus, substituída pelo Projeto Redentor que se consumara com a vinda de Jesus.

Durante esse longo período que na história bíblica teria tido uma duração em torno de 4.000 anos desde Adão e Eva, ou 2.000 desde Abraão, o povo hebreu viveu entre a proteção de Deus e suas infidelidades, pelas quais pagou sempre com o desterro e a escravidão.

Apesar de povo eleito para guardar fidelidade ao Deus único e preparar o advento do Redentor, apesar da contínua pregação de seus profetas, que anunciaram que o Redentor esperado não seria o construtor da grande Nação que eles imaginavam, Nação que haveria de dominar o mundo, ele – o povo hebreu, ou suas elites, não entenderam que o Redentor teria uma missão diferente, a Missão de resgatar a humanidade, trazendo-a de volta e, sua plenitude, ao Projeto do Criador para sua criação.

No entanto, apesar de tudo o que o Redentor ensinaria e deixaria como legado de uma nova Aliança, esse caminho de retorno não terminaria com sua vinda, sua Mensagem, ou seu Sacrifício supremo. Através da Mensagem, de seu legado e de seu Sacrifício se reestabeleceria uma Nova Aliança entre o Criador e sua Criatura, realizando-se dessa forma o Projeto da Redenção.

As profecias de dezenas de profetas da Antiga Aliança, embora na linguagem própria das profecias, nem sempre transparentes para o entendimento comum, adiantavam quem seria o Redentor, qual seria sua Missão e algumas delas indicavam claramente, como seria realizada. Assim elas anteciparam que o Redentor viria, qual o reino que Ele viria trazer à toda criatura e a forma como aconteceria o desempenho dessa Missão.

Se a pregação dos profetas não serviu para que o povo eleito ou suas elites, sempre sonhando com uma Nação que dominasse o mundo, entendesse quem, como e o que faria o Redentor, serviu para mantê-lo na esperança de que um Redentor, ou Messias, viria, ou seja, de que de alguma forma, Deus lhes enviaria um libertador.

Só não entendeu que essa libertação teria uma dimensão imensamente maior do que ele imaginava. Mas os Profetas anunciaram, quem seria o Redentor, e não são poucos os Profetas e as profecias. Entre os muitos Profetas, no texto adiante serão transcritas algumas profecias referentes ao nascimento de Jesus e à sua mensagem, e referentes à sua morte e Ressurreição.

Para evitar longas interpretações, as profecias citadas a seguir, entre dezenas, são das mais simples porém das mais evidentes, que oferecem lógica suficiente para concluir que o Projeto da Redenção não haveria de se concluir com um fato, um acontecimento eventual, a vinda do

Redentor, mas se realizaria num um processo que acompanhou, acompanha e acompanhará toda a humanidade durante sua história, desde o passado, o presente e o futuro, até o fim dos tempos.

1.2. Na casa de meu Pai há muitas moradas (João, 14.2)

Ao criar a espécie humana a quem, através da Consciência, quis fazer *à sua imagem e semelhança*, o Criador sabia que ela, a Consciência, através da qual realizou o Mistério da participação essencial de sua criatura, ou seja, a Aliança entre a dimensão da matéria e o espírito, sua própria dimensão (*sua imagem e semelhança*) ele sabia que a Consciência, por causa da Liberdade, poderia ser utilizada, por suas criaturas, para o bem e para o mal. Seguramente, o Projeto Redentor nasceu com o Projeto da Criação.

Mas mesmo ao se confirmar, desde o primeiro casal, ou desde a primeira geração, o uso da Consciência para o mal, o Criador, ao escolher o povo hebreu como seu povo eleito, seguramente não tinha a intenção, na lógica de seu a Amor, de deixar que o restante de suas Criaturas fosse condenado ao eterno abandono.

Se essa lógica fundamenta a universalização redentora para toda a humanidade através da vinda, ou da vida do Redentor, de sua Mensagem e de seu Sacrifício, seguramente está na mesma lógica que, querendo fazer nascer o Redentor da estirpe do povo eleito, o Criador, tenha inspirado outros profetas, os quais, utilizando corretamente a Consciência, inspirassem outros povos, à prática do bem, ainda que não alcançassem a plenitude dos projetos da Criação e menos ainda da Redenção.

Esta lógica nos leva à certeza de que assim devam ser entendidas as antigas religiões, que existiram de diversas formas em todos os povos, especialmente as grandes religiões organizadas e seus profetas. Evidentemente muitas culturas ou procedimentos considerados como ritos ou religiões, não podem ser, por seus desvios, incluídas nessa categoria, mas lembro algumas delas que, com segurança, inspiraram as consciências para o bem, entre outras.

Quero com esses exemplos reafirmar que no âmago, na natureza de toda criatura humana ficou gravado o selo, a marca de um Pai Criador, e isto pode ser uma explicação do porquê, entre os povos antigos, mesmo os mais primitivos, ou sobretudo nos mais primitivos, sempre existiu alguma forma de religião, ou ao menos alguma crença em alguma divindade.

Dessa memória gravada na natureza, da parte de muitos povos restaram formas primitivas, às vezes bárbaras ou cruéis de divindade, ou buscando proteção de dezenas de deuses, geralmente confundidos com heróis humanos, ou elementos da natureza, como o sol, determinadas árvores ou animais, a lua ou outros elementos. Não julgo a respeito dessas.

No entanto, em outros povos, mentes, ou consciências privilegiadas, também foram inspiradas e praticadas crenças mais puras, inclusive crenças monoteístas, frequentemente voltadas para definir regras de vida, ou de comportamento, inscritas frequentemente em códigos regulatórios. Essas características, de toda forma fazem senão confundir, ao menos aproximar o que pode ser caracterizado como religião, ou simplesmente como código de conduta, ou ainda, o que poderíamos chamar simplesmente de filosofias de vida, ou compromissos da Consciência humana, ou de seu subconsciente.

Dentre essas, entre as mais antigas, e que regularam a vida de povos por muitos séculos, como o Zoroastrismo na Pérsia antiga, podem citar-se outras ainda vigentes, como o Budismo, o Hinduísmo, ou o Confucionismo. Refiro-me a esses sentimentos, religiões, culturas, ou crenças religiosas, para reafirmar como o fato religioso, o relacionamento da espécie humana com seu Criador, ou com um Ser superior, ou ainda, sua Consciência do bem e do mal, está presente em todos os tempos e em todos os povos dando um sentido mais amplo ao Projeto Redentor, destinado, embora de diferentes formas, a todos os povos, criaturas de Deus, ao invés de apenas ao povo hebreu.

Embora, segundo a Bíblia hebraica, ou ao menos, a Bíblia na Antiga Aliança e suas interpretações, esse Projeto se concentre em torno do povo hebreu, parecendo querer atribuir-lhe a exclusividade no projeto da Redenção, na verdade, esta, a exclusividade, foi a ilusão maior do próprio povo.

Na Nova Aliança, porém o anuncio de um reino universal, não material, de abrangência universal da Mensagem do Redentor, foi explicito desde o começo em sua Mensagem, expressa pelos anjos ao anunciá-la *aos homens de boa vontade*, (Lucas 2, 14) sem preferências ou exclusividades, mas no desenrolar de sua história como nos mostram os apóstolos da Mensagem, levando-a para todos os povos.

Nos últimos séculos, especialmente, confere uma lógica segura ao entendimento de que o Projeto Redentor, em seu sentido mais amplo, é dirigido a toda a humanidade, ainda que de formas diferentes. Esta percepção, afinal, está criando o Reino Universal das criaturas do Criador e de seu Redentor, esse reino que Jesus respondeu de forma clara a Pilatos quando interrogado sobre se ele era um rei:

"Sim, eu sou REI. Mas se meu Reino fosse deste mundo meus discípulos se movimentariam para defender-me, mas meu reino não é deste mundo'. (João 18:33-36).

Lembrando que seus discípulos eram judeus, o Redentor quis afirmar que seu Reino era de outro mundo, não outro reino da terra, mas o mundo do Espírito, o mundo das Consciências, portanto o mundo do Criador, mundo que nesse último século mais do que em qualquer outro, se aproxima de sua identidade espiritual e universal, com a globalização da própria civilização, assumindo, entre outros valores, a afirmação universal da igualdade de toda a espécie humana e de outros valores universais.

Esta afirmação se confirma ao se atentar para o fato de que a humanidade começa a caminhar na aceitação desses valores universais, adiante identificados como valores de uma nova Massa de Consciência, compatíveis com os valores do outro reino, trazido pelo Redentor para a Nova Aliança, e também por outros caminhos, ou moradas que existem no Plano do Criador: ”*Em minha casa há muitas moradas*”. (João14:2).

Creio que se pode afirmar que, nessa nova fase, a Mensagem move-se no sentido de sua universalização com maior rapidez do que a própria Igreja, que permanece como a Arca da Nova Aliança, garantia, guarda e herdeira da Mensagem essencial da Redenção, que não navega pelas ondas, mas pela essência *do caminho, verdade e vida* (João 14, 6), *servindo de* referência e rumo até os fins dos tempos.

Em vários de meus livros, especialmente em Participação e Solidariedade e em Por uma Civilização Participativa e Solidária: A PROPOSTA, chamo a esta Mensagem que move milhões, bilhões de pessoas de todas as Nações de todas as raças, de todas as crenças, de “Massa de Consciência”.

Pois bem, é esta Massa de Consciência que toma conta e cresce no mundo, fonte em favor da Paz, do Amor, da Dignidade ou dos Direitos iguais de todos os homens, da Justiça, da Liberdade, da Solidariedade, da Participação, da Igualdade de todos, (na visão da fé, todos igualmente filhos de Deus,)e da preservação da natureza, todos valores da Mensagem do Redentor, ou da essencialidade do Projeto Redentor contido na Bíblia, na Antiga Aliança do povo hebreu com o Criador e em sua evolução na Nova Aliança trazida por Jesus Cristo, o Redentor.

Parece-me que esse é o grande passo do Projeto Redentor, ou da universalização de sua Mensagem, como quis o Redentor; "*para que todos sejam um...*". (João 17, 21)

Tendo até aqui, buscado uma aproximação de todos os fatos com a narrativa, ou o ensinamento da antiga Aliança do povo hebreu, quero concentrar-me não só na história, mas no Mistério da Redenção trazido por Jesus Cristo, o Redentor, ou na Mensagem por Ele trazida a todas as criaturas, à humanidade toda, a Mensagem da Nova Aliança do Criador com suas criaturas, dirigida ou oferecida a todos os povos pela força do Projeto Redentor.

2. O Projeto Redentor e a Nova Aliança

2.1. Nascimento e ascendência do Redentor, nascido de Deus

O evangelista Mateus foi dentre os quatro evangelistas quem tratou especialmente sobre a origem e a infância do Redentor, Jesus Cristo, Filho de Deus, segunda Pessoa da Trindade Divina. Ele narra o nascimento de Jesus dessa forma:

"*Eis como nasceu Jesus Cristo: Maria sua mãe estava desposada com José. Aconteceu que antes de coabitarem ela concebeu por virtude do Espírito Santo*". (Mateus 1:18)

Diz em seguida o evangelista que, como José estranhou sua gravidez e não quis ser acusado de desonrá-la, planejou deixá-la. Apareceu-lhe então um Anjo (talvez o mesmo que anunciara a Maria que, ela, virgem, daria à luz a um filho) que lhe disse:

"José, filho de David, não temas em receber Maria por esposa, pois o que nela foi concebido vem do Espírito Santo. Ela dará à luz um filho a quem porás o nome de Jesus, porque ele salvará o povo de seu pecado." (Mateus1:20-22).

A realização do Projeto Redentor começou a se concretizar assim, com uma incompreensível história para o entendimento humano, de uma virgem que dá à luz, contrariando as leis da natureza, sem ter coabitado com nenhum homem (e a geração por laboratório só viria mais de 2 mil anos depois e, de toda forma, através do sêmen e do óvulo, respectivamente do homem e da mulher). José, porém, que, sendo homem justo, como diz o evangelista, com razão do ponto de vista humano, pretendia abandoná-la. Mas antes de empreender seu intento, foi convencido, novamente *por um anjo*, que a concepção se dera por obra do Espírito Santo.

Ele acreditou e passou a zelar por Maria e seu Filho, desde sua geração em Nazaré e seu nascimento em Belém, sua fuga para o Egito e durante sua formação, de volta a Nazaré. Desta forma também começaram a se realizar as profecias sobre quem iria ser o Redentor. Setecentos anos antes o Profeta Isaías já afirmava:

"uma Virgem conceberá e dará luz a um filho que se chamará Emmanuel – Deus em nosso meio."(Salmo 7, 14). E sobre o lugar de seu nascimento profetizava Miqueias também entre os anos 600 e 700 AC.: *"De ti, Belém, embora pequena entre as tribos de Judá, virá aquele que será grande entre as Nações. Suas origens estão no passado, em tempos distantes"*. (Miqueias 5, 1).

A profecia de Miqueias sobre o lugar de nascimento de Jesus, em Belém, só se realizou por causa do recenseamento ordenado pelo imperador romano César Augusto, sendo que cada um devia apresentar-se na cidade de sua origem.

José e Maria moravam em Nazaré, mas eram de origem de Belém, da casa de David.

Sobre essas origens "*em tempos distantes*", São Mateus em seu Evangelho inicia a narrativa nominando a genealogia de Jesus, geração por geração, desde o tempo de Abraão, concluindo:

Portanto as gerações, desde Abraão até David, são quatorze, desde David até o cativeiro da Babilônia, quatorze gerações e depois do cativeiro da Babilônia até Cristo, quatorze gerações. (Mateus 1:17).

De outra parte, como o Gênesis, igualmente nomeia as gerações, desde Abraão até Noé, e de Noé até Adão, fica clara a razão de Miqueias ao se referir às origens de Jesus, como "*no passado, em tempos distantes*". Mesmo considerando o sentido simbólico dos números, como era comum entre os antigos hebreus, não há como não ver que, desde a queda de Adão e Eva, ou desde a dotação à criatura da Consciência capaz de conhecer e distinguir o bem do mal, estava no Plano da Criação, o envio da segunda Pessoa Divina, Jesus, o Redentor. Ela decorre necessariamente da concessão da Consciência, da Alma, ou do Espírito, esse algo que assemelha a espécie humana a seu Criador.

Antes de seguir no significado da encarnação do Redentor, desejo me referir a outra profecia do Profeta Miqueias referente ao assassinato dos inocentes pelo tirano Herodes, assustado com a notícia dada pelos Reis Magos que, vindos do oriente e seguindo uma estrela, queriam encontrar o Menino, para adorá-lo. Temendo que aquela criança viesse a ocupar o trono em seu lugar, Herodes mandou matar todas as crianças nascidas em Belém, nos últimos tempos que os Reis Magos tinham definido como sendo do recebimento de sua mensagem, pois os sacerdotes lhe tinham dado conhecimento da profecia de Miqueias sobre o lugar de nascimento do Redentor, a profecia acima referida, em 5, 1 que repito em versão similar:

"*E tu, Belém, terra de Judá, não és de modo algum a menor entre as tribos de Judá, porque de ti sairá o chefe que governará Israel, meu povo.*"

E o profeta Jeremias, no Capítulo 2, 18 profetizando a matança das crianças nascidas em Ramá:

"*Em Ramá se ouviu uma voz, choro e grandes lamentos: é Raquel a chorar seus filhos; não quer consolação, porque já não existem*".

Para esclarecer eventuais dúvidas, os historiadores identificam Ramá, a 3 km. da entrada de Belém, onde se encontra o túmulo da Raquel, esposa de Jacó, filho de Abraão e mãe de José do Egito.

O cumprimento dessas profecias de Miqueias e Jeremias, é assim descrito pelo evangelista Mateus 2:3-5: "O *Rei Herodes ficou perturbado, convocou os príncipes dos sacerdotes e os escribas do povo e indagou deles onde deveria nascer o Cristo. Disseram-lhe: "em Belém, na Judeia, porque assim foi escrito pelo profeta*". Eles se referiam à profecia de Miqueias.

Herodes pediu então aos Reis, chamados Magos, que encontrando o menino voltassem e o avisassem quem era, pois que ele também queria ir adorá-lo. Os Magos, *avisados por um Anjo* das verdadeiras intenções de Herodes, voltaram por outro caminho. Herodes vendo-se enganado, mandou que fossem mortas todas as crianças de Belém e arredores, com menos de 2 anos.

Mateus escreve, mostrando como se realizara a profecia de Jeremias: "*Vendo então Herodes que fora enganado pelos Magos ficou muito irado e mandou massacrar em Belém e nos arredores todos os meninos de dois anos para baixo, conforme o tempo exato que havia indagado dos magos. Cumprindo-se então o que foi profetizado por Jeremias.* (Mateus 2, 16).

O Menino Jesus fugira para o Egito com seu pai e sua mãe, o que permitiu que, com sua volta, como escreve ainda Mateus, se cumprisse outra profecia, agora do profeta Oseias:

Do Egito, chamei meu filho de volta. (Oseias 11, 1).

Enfim encerrando essa sequência de profecias sobre quem seria o Redentor, com todas as circunstâncias de sua infância, Mateus escreve no versículo 23 do mesmo Capítulo que Jesus veio morar em Nazaré para que se cumprisse o que fora dito pelos profetas, que *Ele seria chamado Nazareno*, (Mateus 2:23) para significar que seria desprezado, como eram os nazarenos.

A história da encarnação do Redentor, a segunda pessoas da Trindade ao tomar a forma humana, que à primeira vista parece absurda, ou fantasiosa, torna-se absolutamente lógica dentro do Plano Redentor, a partir da lógica de que o pecado a que se refere explicitamente o anjo, veio ao mundo através da Consciência dada à espécie humana pelo Criador.

Assim sendo, a lógica diz que a Criatura só poderia ser perdoada, ou resgatada efetivamente (não apenas aparentemente) pelo Criador. O porquê de ser resgatada da forma como foi, é o Mistério sobre o qual se debruçam os profetas, os evangelistas, os teólogos, enfim, os que buscam respostas...

De certeza, da forma como foi feita Redenção, o Criador quis redimir suas criaturas, sem lhes tirar a Consciência, isto é, a dimensão da Liberdade...e nisto há uma tremenda lógica, ou a dimensão da maior responsabilidade jamais entregue à espécie humana, sua Consciência e, com ela, a Liberdade.

De outro lado, no pressuposto de uma encarnação do filho de Deus, a segunda Pessoa da Trindade, Ele não poderia ser gerado por um homem. Mas para assumir sua imagem divina encarnada teria que vir da espécie encarnada, (ou teria que haver uma nova criação...) e neste entendimento está toda a lógica da Redenção: o Redentor, com vistas à sua dimensão humana, assumiu a carne do organismo de uma mulher como qualquer ser humano, mas com vistas à sua natureza divina, foi gerado por Deus e não por um homem, no seio dessa mulher, por isto, virgem.

O lugar dessa Virgem na Teologia a põe como representante da espécie humana na encarnação, papel que não foi dado ao homem, porque o Redentor não podia ser gerado pelo homem, sendo efetivamente filho de Deus. E diante do espanto de Maria ao receber a Mensagem de que conceberia e daria luz a um filho que será grande e chamar-se-á Filho do Altíssimo, explicou-lhe o Anjo: *"O Espírito Santo descerá sobre ti e a força do Altíssimo te cobrirá com sua sombra. Por isto o Ser que há de nascer de ti, será chamado Filho do Altíssimo. "* (Lucas 1: 34- 35)

No pressuposto de que a missão de redimir a espécie humana só pudesse ser feita como obra do Criador e de que Jesus fosse o filho de Deus, a segunda pessoa divina, só por obra de Deus ele poderia ter sido gerado e o anjo ao explicitar sua geração diante de uma Virgem mal saída da adolescência, envolve nessa geração uma Terceira Pessoa da Trindade, o Espírito Santo, a força, a inspiração, o dom de santificação da Trindade.

Toda essa vinda de um Redentor, entre seus Mistérios, o da própria Redenção, o nascimento do Redentor, a existência consequente da natureza única de um Deus feito homem, a realização de tantas profecias, a reação dos poderosos diante do nascimento de um menino, constitui também uma revelação de um Deus uno e trino: o Mistério da Trindade Santíssima. O Pai e o Filho encarnado por obra ou ação do Espírito Santo.

Sobre a existência histórica de Jesus não é necessário referir passagens de historiadores ou funcionários de Roma, como Flavius Josephus, o mais conhecido. A certeza de sua existência nos é dada não só pelos argumentos que a história, ou a ciência experimental costuma utilizar, para comprovar a veracidade de seus relatos sobre sua existência e suas obras, ou porque, apesar deles e além dos relatos das pessoas que com ele viveram, aí estão suas obras e sua Mensagem, que moldaram a civilização da metade do mundo, e que se amplia cada vez mais em valores universais. Não vejo, pois, porque duvidar da verdade histórica de sua vida, de sua obra e de sua Mensagem.

Já não ocorre o mesmo com outros líderes a quem, se atribui a origem de religiões ou culturas, como os citados, Sidarta Gautama, do Budismo, Zoroastro ou Confúcio. Esses místicos ou profetas, além de terem vivido em tempos onde os testemunhos escritos inexistiam ou mal se iniciavam, ou vem apenas de outras épocas ou de vagas tradições que se perdem na bruma dos tempos. Não é o caso de Jesus Cristo. Ele viveu numa época conhecida, em lugares identificáveis, em tempos de civilizações avançadas em organização, cultura, escrita e outros elementos historicamente aceitos.

Mas o essencial é que sua Mensagem, desde o começo, vem mudando a história, ou mundo, o que ocorre com mais força nesse vigésimo século após ter sido morto e crucificado seu Autor, como julgo ter ficado evidente ao referir ao término deste livro, o crescimento no mundo dos valores da Massa de Consciência, sua globalização.

Nestes novos tempos, a essência da mesma Mensagem mais se aproxima de um "reino universal" abrindo-se cada dia mais à iguais mensagens de "outras moradas" ou mensagens do bem que, apesar da queda, está marcado na Consciência das criaturas "*de boa vontade*" que, como vimos, foi anunciado pelos anjos na primeira notícia aos pastores, ou ao mundo, do nascimento do Redentor. (Lucas 2, 14)

2.2. A Nova Aliança ou a Mensagem essencial do Redentor

Na Antiga Aliança, enquanto o povo hebreu, libertado da escravidão do Egito, vagava pelo deserto do Sinai, à busca da terra prometida, a que fora ocupada por seu patriarca Abraão, Moisés subiu o Monte, mais uma vez, onde receberia de Deus as tábuas da Aliança, contendo os dez mandamentos, a partir de onde foram transferidos ao povo uma infinidade de prescrições sobre o culto e sobre seus relacionamentos com Deus.

Foi sobre essa revelação que os discípulos de Jesus, o Redentor, lhe perguntaram qual era o maior dos mandamentos e tiveram a resposta, que ao maior dos mandamentos, acrescentou também, *toda a lei e os profetas,* para que não houvesse dúvida. Seguramente, nesse acréscimo Jesus, além dos dez mandamentos a que se refere o Capítulo 20 do Êxodo, se referiu a todas as prescrições constantes de livros da Bíblia e tanto mais às centenas ou milhares de prescrições dos códigos e das ordenações acrescentadas pelos reis ou profetas e certamente às prescrições dos sacerdotes, escribas e fariseus, aqueles a quem Jesus também se refere, que tem elefantes que cegam os próprios olhos e ficam a criticar os argueiros nos olhos alheios.

Seguramente a resposta de Jesus pode ser aplicada, a tantos códigos, pareceres, instruções e outros instrumentos, que foram sendo acrescentados à sua Mensagem e se transformaram em verdadeiros elefantes que cegam os olhos para o essencial do que está de forma muito clara, posto nessa resposta.

Dois evangelistas narram o episódio da definição do maior mandamento que resume toda a lei e os profetas: São Marcos em seu Capítulo 12: 29 - 31 e São Mateus, Capítulo 22:36 – 40.

Pela sua importância essencial na Mensagem de Jesus, transcrevo os dois textos. Escreve São Marcos: "*Chegou-se um dos escribas que o ouvira discutir e vendo que lhe respondia bem, indagou dele: Qual o primeiro de todos os mandamentos? Jesus respondeu-lhe: "O primeiro de todos os mandamentos é este: ouve Israel, o Senhor nosso Deus é o único Senhor: amarás o Senhor teu Deus de todo teu coração, de toda tua alma de todo teu espírito e de todas as tuas forças. Eis aqui o segundo: amarás o teu próximo como a ti mesmo. Outro mandamento maior do que este não existe.*"

Não há como não registrar a lógica do escriba diante da resposta de Jesus, ao observar que sendo assim, que se devesse amar a Deus acima de tudo estava muito bem, mas que amar o próximo como a si mesmo excederia a todos os holocaustos e sacrifícios. Teve então de Jesus, que ouvira a sabedoria de sua observação, a seguinte resposta, como quem dissesse: é isto mesmo, excede todos os holocaustos e sacrifícios, Mas apenas observou: "*Tu não estás longe do reino de Deus...*". (Marcos 12:34).

São Mateus, por sua vez escreve quase nos mesmos termos à pergunta que lhe fez o doutor da lei para por Jesus à prova, depois de uma reunião havida entre os fariseus: "*Mestre, qual é o maior mandamento da Lei*". *Respondeu-lhe Jesus:* "*Amarás o Senhor teu Deus de todo teu coração, de toda tua alma e de todo teu espírito. Este é o maior e o primeiro mandamento. E o segundo é semelhante a este: amarás teu próximo como a ti mesmo. Nesses dois mandamentos se resumem toda Lei e os Profetas*".

Interessante observar que, enquanto Marcos refere-se ao fato de que o novo ensinamento de Jesus excedia a toda a Lei e os Profetas, Mateus registra, de semelhante modo, que o novo mandamento resume tudo quanto estava escrito pela Lei e pelos Profetas.

E por falar nesse novo ensinamento, não há como não registrar o que escreve outro evangelista, João, sobre a dimensão desse ensinamento no capítulo 13, 34-35 de seu Evangelho. Diz o evangelista que Jesus, na véspera de iniciar sua paixão, dá seu testamento a seus discípulos, afirma:

"*Dou-vos um novo mandamento: amai-vos uns aos outros como eu vos tenho amado. Nisto, se vos amardes uns aos outros, reconhecerão todos que sois meus discípulos*"

A lógica desse mandamento, que resume todos os outros, incluindo "*lei e os profetas*" há de ser que quem ama cumpre todos os outros, porque todos os outros têm por objetivo evitar o mal, seja contra Deus, contra si mesmo, ou contra o próximo. Quem ama, pratica todos os mandamentos.

De tantos ensinamentos, tantas parábolas, tantos fatos narrados pelos evangelistas, detenho-me, apenas em algumas passagens dos textos com que Jesus marcou a Mensagem da nova Aliança, iniciando com o Capítulo 5:3-11 do Evangelho de São Mateus onde Jesus define, entre seus discípulos, *quem hão de ser os bem-aventurados:*

- *os pacíficos porque possuirão a terra*
- *os que tem um coração de pobre, porque deles é o reino dos céus*
- *os que choram porque serão consolados*
- *os tranquilos porque possuirão a terra*
- *os que tem fome e sede de justiça porque serão saciados*
- *os misericordiosos porque alcançarão misericórdia*
- *os que tem coração puro porque verão a Deus*
- *os pacíficos porque serão chamados filho de Deus*
- *os que são perseguidos por causa da Justiça, porque deles é o reino dos céus.*

Ao final Jesus deixou uma resposta específica a seus discípulos e a tantos outros que através da história, a começar desde Igreja nascente, haveriam de sofrer o martírio e outras formas de perseguição, por serem seus discípulos. Disse Jesus: "*Bem-aventurados sereis quando vos caluniarem, quando vos perseguirem e disserem falsamente todos o mal contra vós por causa de mim. Alegrai-vos e exultai, porque será grande a vossa recompense nos céus, pois assim perseguiram os profetas que vieram antes de vós*".

Evidentemente tais ensinamentos escandalizavam os poderosos hebreus e se contrapunham a tudo o que eram os valores dos que exerciam o poder, tinham a riqueza, conquistavam povos e escravizavam os fracos, enfim os que se compraziam com o próprio poder, o próprio orgulho, o ódio e a vingança. Por isto, era evidente que Ele despertava contra si a inveja, o ódio e o desejo de vingança dos poderosos.

Mas esta Mensagem não era nova. Ela tinha sido anunciada no começo de tudo, já no cântico dos anjos trazendo aos pastores a notícia do nascimento do Redentor: "*Glória a Deus nas Alturas e paz na terra aos homens de boa vontade*". (Lucas 2:14). Concluo citando o primeiro grande teólogo da Nova Aliança, o judeu romanizado Saulo de Tarso, o maior convertido no início do cristianismo, São Paulo, Apóstolo. O Apóstolo escreve em sua primeira Carta aos Coríntios a mais bela página sobre a caridade, não a caridade como esmola, o que está explícito no último parágrafo, mas a caridade como a doação total ao próximo, o Amor: "*Ainda que eu falasse a língua dos anjos e dos homens, se não tiver caridade sou como bronze que soa, ou como címbalo que retine. Mesmo que eu tivesse o dom da profecia e conhecesse todos os mistérios e toda a ciência; mesmo que tivesse toda a fé a ponto de transportar montanhas, se não tiver caridade não sou nada. Ainda que distribuísse todos os meus bens em sustento dos pobres, e ainda que entregasse meu corpo para ser queimado, se não tivesse caridade, de nada valeria.*

E após mais profundo elogio sobre a caridade, conclui:

Por ora subsistem as três: a fé, a esperança e a caridade. Porém, a maior delas é a caridade" (1ª aos Coríntios 13, 1-13)[3].

Creio que a síntese contida neste conjunto de Mensagens do Redentor, caracterizam o essencial da Nova Aliança. Atenho-me a elas, porque creio que, efetivamente ensinou Cristo que o Amor a Deus e ao próximo, além de ser o maior mandamento, substitui toda a lei e os profetas.

Mas não foram suficientes as palavras. A Redenção da humanidade, onde o dom da Consciência que tornou a *espécie humana à imagem e semelhança* de seu Criador e portanto, o conhecimento necessário para conhecer o bem e o mal e fazer o bem, havia de ser respeitada, como parcela essencial do Projeto da criação.

O Redentor, não bastando seu próprio testemunho de oferecer a vida em holocausto, deixou em seu legado os instrumentos para que a espécie humana, além de conhecer

---

3 **Hino da Caridade**
Esta é a íntegra do capítulo XIII da primeira Carta de São Paulo aos Coríntios, também chamada "Hino da Caridade" segundo a tradução direta do hebraico, por uma dezena de especialistas, em hebraico, aramaico e grego, sob os auspícios da Liga de Estudos Bíblicos publicada em luxuosa edição da Editora Abril, 1968.Eis a íntegra:
"1-Se eu falo a língua dos homens e dos anjos, mas não tenho a caridade sou um bronze que soa ou um címbalo que tine.
2-E se tenho o dom da profecia e conheço todos os mistérios e toda a ciência, e se eu tenho toda a fé, de modo a transportar montanhas, mas não tenho a caridade, nada sou.
3-Ainda que distribuísse todos os meus bens, em sustento dos pobres, e entregasse meu corpo para ser queimado, se não tiver caridade, isto nada me aproveita.
4-A caridade é longânime; a caridade é bondosa; não é invejosa; a caridade não é arrogante nem se ensoberbece;
5-não faz o que é inconveniente, não busca o seu interesse, não se irrita, não toma em conta a ofensa;
6-não tem prazer na injustiça, mas se alegra com a verdade;
7-ela tudo perdoa, tudo crê, tudo espera, tudo suporta.
8- A caridade não passa jamais. As profecias, ao contrário, desaparecerão, as línguas cessarão; a ciência desaparecerá.
9- Porque imperfeito é o nosso conhecimento e imperfeita a nossa profecia.
10-Mas quando vier o que é perfeito, desaparecerá o que é imperfeito.
11-Quando eu era criança, sentia como criança falava como criança, pensava como criança, mas quando me tornei homem, fiz desaparecer em mim o que era de criança.
12.Agora vemos por espelho, de maneira confusa, mas então será face a face. Agora conheço do modo imperfeito, mas então conhecerei como sou conhecido.
13-Por ora permanecem a fé, a esperança, a caridade. Mas a maior delas é a caridade. "

sua Mensagem, tivesse sua Consciência a força necessária para optar pelo bem, e fazer o bem, sendo fiel à Nova Aliança, e isto veremos após refletir sobre o testemunho supremo do Redentor: sua própria vida.

2.3. O Testemunho supremo do Redentor

Os sociólogos, os cientistas políticos, os juristas, alguns tenderão a interpretar o que aconteceu a Jesus após os três anos de pregação, quando peregrinou pelas aldeias e cidades da Judeia e da Galileia, curou doentes, ressuscitou mortos e plantou a Mensagem da Nova Aliança trazida para redimir a espécie humana, como sendo uma ação rebelde ou revolucionária.

Por sua vez, àquela época, todos os que se sentiram atacados, ou ultrapassados em suas interpretações, crenças ou privilégios, tiveram como reação o ódio e a vingança. Ao redor deles seus fiéis, pequena parcela do povo hebreu insuflado, os acompanharam. Talvez até alguns dos que, apenas há uma semana o tinham recepcionado triunfalmente em sua entrada em Jerusalém. Uns e outros não perceberam que a Missão do Redentor tinha uma dimensão muito maior do que uma ação rebelde ou revolucionária, ou uma prédica e uma ação voltada para substituir a Antiga Aliança. Não entenderam que o Redentor viera para aperfeiçoar a Antiga Aliança, completá-la e realizá-la na plenitude e para a plenitude dos tempos.

Como os hebreus e os romanos que sacrificaram Jesus, pensar assim é não perceber que essa Missão tinha uma dimensão infinitamente maior e tudo o que aconteceria tinha sido previsto pelos profetas sobre o Redentor, e por Ele mesmo fora anunciado a seus discípulos, antes que acontecesse.

Na verdade, em seus infinitos mistérios o Criador, sabendo que ao dar a uma criatura limitada a Consciência e, portanto, a Liberdade, estava simultaneamente sabendo de seu mau uso, ou de sua queda que haveria de acontecer, pois esta possibilidade é inerente ao uso da liberdade.

Por absoluta lógica, igualmente, deve-se admitir que ele sabia também, e criou, desde o começo da Criação, o Projeto da Redenção e, portanto, o Mistério do sacrifício, da morte e da ressurreição de Jesus Cristo, seu Filho, segunda pessoa da indivisível Trindade. Este é o supremo Mistério. O Criador sacrificar-se por sua criatura...Só o supremo Amor...a loucura do Amor, segundo interpretam santos e teólogos.

Inicio, pois, pela transcrição de algumas profecias do antigo Testamento e transcrevo as próprias profecias de Jesus sobre sua morte e ressurreição. Escolho entre dezenas algumas mais simples, por serem mais diretas e não necessitarem de longas interpretações.

Assim, o livro do Êxodo, no Capítulo 12:46, referindo-se ao Cordeiro pascal que seria sacrificado pelos hebreus, determinou explicitamente que do cordeiro a ser sacrificado, nenhum osso poderia ser quebrado. Segundo os exegetas, tal exigência era uma antecipação profética do que haveria de ocorrer com o Redentor crucificado, quando, contrariamente ao que aconteceria aos malfeitores crucificados com ele, cujas pernas foram quebradas para que morressem mais rapidamente, ao se aproximarem de Jesus constataram que ele já estava morto e *não lhe quebraram osso algum, apenas com uma lança lhe transpassaram o lado, de onde escorreu sangue e água.* (João 19:33-34).

Muitas são as profecias sobre a crucificação e os tormentos que sofreria o Redentor. O Salmo 21:17 de David, profetiza:

Cerca-me um bando de malfeitores: transpassaram minhas mãos e meus pés.

E mais adiante, o mesmo Salmo 21:19, prossegue:

Repartiram entre si minhas vestes e lançaram sorte sobre minha túnica. Evidentemente, os soldados que crucificaram Jesus e os que dividiram entre si suas vestes e lançaram sorte sobre sua túnica, pois ela não tinha costura alguma, mas era tecida de alto a baixo como relatam os evangelistas, não sabiam que estavam cumprindo profecias havidas mil anos antes.

No entanto, o profeta Zacarias em tempos igualmente antigos já se referia aos que *olharão para aquele que tinha sido transpassado* (João 19, 37) e os evangelistas confirmam os que choravam aos pés do crucificado, entre eles Maria, sua mãe, as santas mulheres entre as quais Verônica e Maria Madalena e alguns discípulos entre eles, de certeza, João, a quem Jesus entregou sua mãe para que cuidasse dela.

Impressiona também o conhecimento que tinha o Redentor de seu próximo sacrifício, seus tormentos, sua morte e ressurreição, como confirmariam os evangelistas, cada um a seu modo, transcrevendo suas palavras proféticas.

Sem me deter no que escreve João, desde o Capítulo 16 até o Capítulo 19 de seu Evangelho, um verdadeiro testamento do Redentor antes de iniciar sua paixão e morte, transcrevo o que escreveram Mateus e Marcos, citando as palavras proféticas de Jesus, nesses dias.

Em Mateus 26, 2, lemos que Jesus, reunindo-se a seus discípulos, lhes comunicou: "*Sabeis que daqui a dois dias será a Pascoa e o Filho do Homem será traído para ser crucificado*".

E Marcos 9, 31 transcreve as palavras de Jesus:

"*O Filho do Homem será entregue nas mãos dos homens e matá-lo-ão, mas ele ressuscitará três dias depois de sua morte.*"

E novamente Marcos 10, 33, também transcrevendo as palavras de Jesus:, diz "*Eis que subimos a Jerusalém e o Filho do Homem será entregue aos príncipes dos sacerdotes e aos escribas que o condenarão à morte e entregá-lo-ão aos gentios.*

Escarnecerão dele, cuspirão nele, açoitá-lo-ão e irão matá-lo. Mas Ele ressuscitará ao terceiro dia.”

São profecias do Redentor predizendo o que lhe aconteceria, pois enquanto filho de Deus sabia do preço que iria pagar pela Redenção dos homens, verdadeiro Cordeiro de Deus a ser sacrificado, enquanto Filho dos homens, assumido pela espécie humana, sabia os tormentos e as dores que o esperavam, que lhe traziam a tentação de resistir e o faziam sofrer de forma extrema como o demonstraria nas preces do Horto das Oliveiras, onde, após a ceia pascal, ele iria para rezar: “*Pai, se possível afasta de mim esse cálice*” (Mateus 26:39) e mesmo pregado na cruz: “*Meu Deus, meu Deus, porque me abandonaste* “ (Mateus 27:46)

No entanto, Ele sabia também do mistério da Ressurreição pela qual também haveria de passar, enquanto revestido da natureza humana e divina. Como sabemos, tudo o que aconteceria até as comemorações da Pascoa conforme profetizado e previsto, tudo foi confirmado pelos quatro evangelistas, apóstolos de Jesus, Lucas, Mateus, Marcos e João.

Com a prisão, o martírio e a morte do Redentor, e sua ressurreição, terminou o ciclo da promessa do Projeto Redentor da Antiga Aliança, para que a Nova Aliança tivesse como testemunha e se realizasse, não mais através do sangue e da morte de cordeiros, ou de outros animais.

Na Nova Aliança, o testemunho foi a morte e a ressurreição de Jesus, o Redentor, o “*Cordeiro de Deus*” sacrificado pela redenção da humanidade, testemunho que se prolongaria através do milagre perene do Pão e do Vinho, transubstanciados em seu Corpo e Sangue, milagre instituído por Ele, cujo supremo Mistério foi testemunhado pelos evangelistas.

Nesta lógica, o sacrifício sangrento, testemunho e início da Nova Aliança, ou da espécie humana redimida, se prolongaria com o novo sacrifício incruento da transubstanciação ordenado por Ele:

"*Todas as vezes que fizerdes isto, fazei-o em minha memória*". (Lucas 22, 19).

Para deixar esse testamento, do pão e do vinho transubstanciado em seu corpo e sangue, Jesus quis que sua instituição ocorresse na véspera do sacrifício sangrento de sua própria morte, na Ceia Pascal da antiga Aliança, com a qual ele se haveria de despedir de seus discípulos e que se transformaria no elo de ligação entre a Antiga e a Nova Aliança.

Naquele dia, cumprida sua Mensagem e sabendo que deveria voltar para o Pai, como nos últimos dias vinha avisando a seus discípulos, João detalha especialmente no Capítulo 14 de seu Evangelho, Jesus reuniu-se com eles numa ceia e antes da despedida segundo narram, quase repetindo a cena e as palavras, três dos quatro evangelistas: "*Durante a refeição ele tomou o Pão, benzeu-o, partiu-o e o deu aos discípulos dizendo: "tomai o e comei, isto é meu corpo". Tomou depois o cálice, rendeu graças e deu-lhe dizendo: "bebei dele todos porque isto é meu sangue, o sangue da Nova Aliança, derramado por muitos homens em remissão dos pecados.*" (Mateus 26:26 -28.)

O Evangelista Lucas, após repetir a mesma cena, do pão e do vinho, acrescenta as palavras finais ditas por Jesus: "*Fazei isto em memória de mim.*" (Lucas 22, 19).

Marcos Evangelista, repete a mesma cena e quase as mesmas palavras. *Jesus tomou o pão e, depois de o benzer, partiu-o e deu-lhes dizendo: "Tomai e comei, este é meu corpo" e depois lhes ofereceu o vinho dizendo" isto é meu sangue, o sangue da Nova Aliança."*... (Marcos 14, 22-24).

Pode parecer estranho que João, o Evangelista do Amor, tenha silenciado sobre esta cena. Na verdade, o Evangelho de São João foi o último dos evangelhos a ser escrito e João, seguramente sabendo de como essa última Ceia fora descrita repetidamente, concentrou-se em cinco exaustivos capítulos, do 13 ao 17, registrando palavra por palavra os últimos ensinamentos de Jesus, sobre o Amor, a União, as dolorosas despedidas até encontrarem-se novamente com o Pai, por cujo caminho Ele, *o caminho, a verdade e a vida* iria levá-los: *Ninguém vem ao Pai senão por mim* (João 14:6).

Estes, o Pão e o Vinho, transformados (transubstanciados, substância transformada, diz a Teologia) no Corpo e no Sangue do Redentor, seria o novo sacrifício, permanente testemunho na Nova Aliança. Não mais os animais sacrificados ou o sacrifício sangrento do Redentor feito carne que iria ter lugar em seguida, mas o mesmo Redentor presente na continuidade da obra redentora, transubstanciado no Pão e no Vinho, como antes se transubstanciara em carne no seio de Maria, o extremo Mistério que só faz sentido na lógica da Redenção e da fé.

Mistério que só faz sentido na lógica da Redenção e da fé também porque esse gesto tão simples de despedida numa Ceia pascal de um grupo de 13 pessoas não cessou de se repetir desde então, por todos os séculos e continua sendo repetido hoje, 2 mil anos depois, diariamente em todos os cantos da Terra. É que entre as 13 pessoas estava presente o Redentor...

Na lógica da Redenção...e nessa lógica, permanece absolutamente além de toda compreensão humana, e por isto se impõe o Mistério na adesão integral à fé: *Praestet fides suplementum sensuum defectui*, como diz Santo Tomás de Aquino em seu Hino de louvor ao Santíssimo Sacramento.

Terminada a Ceia, Jesus retirou-se ao horto chamado das Oliveiras, para preparar-se e voluntariamente: "*Embainha tua espada...crês tu, que não posso invocar meu Pai e ele não me enviaria imediatamente mais de 12 legiões de anjos? Mas como se cumpririam então as Escrituras, segundo as quais é preciso que seja assim?"*, disse Jesus a Pedro, que desembainhara a espada para defendê-lo, segundo Mateus 26, 52-54. Voluntariamente, repito, Jesus escolheu entregar-se ao sacrifício, cumprindo dessa Missão. Preso, martirizado, pregado na cruz, agonizando, Ele reafirmou esse cumprimento: *"Pai, em tuas mãos entrego meu Espírito"*, conforme lemos em Lucas 23, 45. E *"tudo está consumado"*, em João 19, 30.

Seu Espírito, sua divina participação no Mistério da Trindade, sua identidade, voltou para o Pai. Seu corpo de carne *desceu à mansão dos mortos* depois de ser descido da cruz por Nicodemos, que o pedira a Pilatos, e tê-lo envolvido num pano de linho e *depositado num sepulcro escavado na rocha, onde ninguém tinha ainda sido depositado,* (Lucas 23, 53) para a Ressurreição como ele anunciara a seus discípulos, prenúncio da ressurreição da espécie humana redimida, no caminho de retorno a seu Criador.

Tudo isto faz, para mim, uma impressionante lógica...e fundamenta minha Fé.

2.4. A dimensão humana da Redenção ou a Nova Aliança

Assim como a espécie humana poderia ter sido salva de outras formas pelo poder infinito do Criador, toda a espécie humana, agora pelo sacrifício do Redentor, poderia ter sido salva instantaneamente, por sua Mensagem, e por seu Sacrifício (*...me enviaria imediatamente doze legiões...*-Mateus 26, 53) como poderia, desde a primeira queda, ter sido "salva" tendo retirada a Consciência, isto é, a Liberdade, da mesma forma como a recebera gratuitamente do Criador, que através dela quis fazê-la *à sua imagem e semelhança.*

Mas, como vimos, não era este o Projeto do Criador. A criatura à *"imagem e semelhança"* era parte da essência desse projeto e renunciar a essa semelhança, a Consciência, ou seja, renunciar à capacidade e à responsabilidade de conhecer e optar entre o bem e o mal, ou seja, a liberdade, seria renunciar a essa essência. A forma através da qual a Redenção teve para preservar a Consciência e a Liberdade da espécie humana foi a vida e o sacrifício voluntariamente assumidos pelo Filho Redentor e a Mensagem trazida à Nova Aliança, que deveria ser preservada e cumprida de geração à geração.

Assim preservada a essência da Criação que, ao invés de ser salva à custa da perda da Consciência, ou da Liberdade, teve sua Consciência preservada e através de suas opções (para o bem,) deveria acontecer o retorno da criatura, a espécie humana, a seu Criador. Para que fosse plena e possível essa continuidade, além da Mensagem e do Sacrifício, o projeto da Redenção - o Redentor legou aos homens os meios, os instrumentos de, conhecendo o bem e o mal, ter o entendimento e a força de optar pelo bem, isto é, de cumprir o Projeto Criador de construir na história, no lugar do paraíso perdido, o Reino do Bem, isto é, do Amor e, através desse caminho do Amor, *verdade e vida*, como o definiu o próprio Redentor, retornar ao Criador.

Desses meios, ou instrumentos de retorno ao Criador, o primeiro foi o próprio conteúdo da Mensagem. O segundo foi o sacrifício do Redentor que Ele quis perpetuar com sua transubstanciação, não mais em carne e vida, mas em Pão e Vinho. A transubstanciação (transformação da substância) legada ao mundo, foi a forma para continuar presente, entre seu novo povo eleito, agora sob a forma de Pão e de Vinho para alimento do espírito que está em nós (a Consciência, ou a Alma).

Com este gesto quis o Redentor (ou cumprindo o projeto da Redenção) que o novo Sacrifício, o sacrifício da Nova Aliança, agora incruento, fosse o sacrifício do Amor, não da morte e continuasse se repetindo, todos os dias enquanto durasse a história humana, em qualquer parte do mundo.

Esta presença perpétua do Redentor, não mais sob a forma da carne, repito, mas do Pão e do Vinho foi explícita, segundo podemos ver em Lucas, 22:19 quando ele determinou a seus apóstolos: *fazei isto em minha memória*:

Na lógica do Projeto Redentor, de preservar a Consciência humana e, portanto, a Liberdade em sua criatura, faz sentido que a redenção não tenha acontecido num ato só, ou num único momento, no ato da Mensagem ou no sacrifício do Redentor, mas que acontecesse no processo da vida das pessoas e na história da espécie humana. Por isto, nesta lógica, também faz sentido a permanência do Redentor entre as criaturas redimidas, ainda que no Mistério da transubstanciação do Pão e do Vinho em seu Corpo e Sangue, como fazem sentido todos os demais instrumentos, ditos a seguir, deixados para apoio, suporte e guia desse processo.

a) A Igreja, sinal visível e Arca da Nova Aliança

Na antiga Aliança esse suporte foi dado através Arca da Aliança, do templo de Jerusalém, de toda uma hierarquia e de toda uma forma de organização do povo eleito, orientada por Deus em seus mínimos detalhes como mostram os diversos livros como os livros do Êxodo, o livro dos Números, o livro dos Reis e outros que também se referem à construção da Arca da Aliança, como à construção do Templo, como ainda à organização do povo hebreu e seus compromissos religiosos.

Na nova Aliança, de uma Mensagem pregada durante três anos de peregrinação do Redentor, colhida sua Mensagem pelos primeiros discípulos que o seguiram, os doze apóstolos e, dentre eles, de modo especial os quatro evangelistas, não seria necessária a mesma tutela exercida sobre o novo povo eleito, os seguidores do Redentor, mesmo porque a manutenção da Consciência e, portanto, da

Liberdade e da responsabilidade individual, foi mantida como parte da associação do homem à própria Redenção.

Nessa linha de apoio e de organização humana se entende a instituição de outros instrumentos e de ritos, além da presença do Redentor no pão e no vinho, que haveriam de garantir a permanência de seu legado, conforme prometera:

"*Eu estarei convosco até o fim dos tempos*" (Mateus 28, 20).

Assim como também faz sentido a manutenção de uma estrutura, da mesma forma como dada ao povo hebreu, sua Arca da Aliança, seu Templo de Jerusalém, sua estrutura hierárquica de organização, e como rituais a oração, a prece e o sacrifício de animais.

No Novo Testamento, como estrutura, o Redentor legou a Igreja, em promessa feita a Pedro, seu discípulo mais impulsivo, a quem prometeu em resposta a afirmação de Pedro de que Jesus era o filho de Deus Vivo:

"*Tu és Pedro, e sobre esta pedra construirei a minha Igreja e as portas do inferno não prevalecerão contra ela. Eu te darei as chaves do céu*... (Mateus 16:18).

Com a Igreja constituída pelos discípulos, em torno de Pedro e seus sucessores se fez toda a organização humana da Mensagem, seu Ministério e seus rituais, e além da perenidade do Corpo e do Sangue do Redentor sob a forma de Pão e Vinho foram legados os rituais dos sacramentos, o recolhimento e a oração:

"*tudo o que pedirdes a meu Pai em meu nome Ele vos concederá*". (João16, 23)

Esta lógica, a existência da Igreja e dos Sacramentos, teve lugar no Projeto de Redenção da espécie humana, desde o momento de sua concepção. Está na lógica das coisas humanas que o Mistério do Redentor, Deus encarnado, feito carne, matéria, consciência humana, legasse para a posteridade uma organização sensível, material, uma estrutura humana para suporte e serviço da nova Aliança.

Dessa forma a herança do Salvador, ou a nova Aliança teria duas dimensões: a dimensão espiritual e a dimensão humana, ou material. Ela existiria entre os homens, para os homens, para servi-los e para guiá-los, em meio à sua santidade, mas também em meio a seus erros ou desvios, enquanto organização, que, mesmo divina, foi entregue à mãos humanas.

É significativo, no entanto, sobre esses erros ou desvios da Igreja, refletir sobre uma mudança significativa na presença de Deus na história da Igreja, ou sua presença na história de seu novo povo eleito, em comparação com a história dos hebreus, da antiga Aliança.

Enquanto na antiga Aliança, a quem ainda não fora dada a Redenção, mas apenas a promessa da Redenção a ser guardada, Deus aplicava a Justiça punitiva e a cada desvio cometido, vinha o exílio, a escravidão e o tempo do abandono...na Nova Aliança, após a Redenção, a Justiça punitiva foi substituída pela Justiça misericordiosa, seguramente pelo mérito do Mistério da Redenção, transferido ao novo povo eleito, os seguidores de sua Mensagem. Há lógica de que sobre a espécie humana redimida passasse a prevalecer a justiça da Misericórdia, como parte da própria Redenção

b) Algumas considerações sobre a história.

Como tudo, foi muito pequena a estrutura da Igreja primitiva e de sua hierarquia, mas nela surgiram os primeiros apóstolos ou intérpretes da doutrina do Redentor, os divulgadores e os guias das comunidades em formação, dentre eles, São Paulo, o primeiro e seguramente o maior a divulgar a Mensagem do Redentor, além de entre os hebreus, entre todos os povos

Outros intérpretes da doutrina, à margem dos papas, a quem foi reconhecida a assistência especial do Espírito Santo em questões de doutrina, (*Eu te darei as chaves do céu*... Mateus, 16-18) se sucederam até hoje teólogos reconhecidos desde os mais antigos como São Cirilo, Santo Agostinho, ou já na Idade Média, Tomas de Aquino e outros que fundamentaram a doutrina da Igreja, como apostólica e universal.

Desde os primeiros dias, as dúvidas eram resolvidas em reuniões com os Apóstolos, e o livro dos Atos dos Apóstolos, anexo à Bíblia, se refere a várias delas. Depois começaram a acontecer as reuniões de seus sucessores, que fizeram a hierarquia da nova Igreja, os bispos, cuja primazia foi reconhecida ao Bispo de Roma, sucessor de Pedro, que passou a ser o Chefe supremo da Igreja, ou Pontífice Máximo, o Papa.

Foi nessa cidade de Roma, Capital do Império Romano, que Pedro, reconhecido como o primeiro de uma linhagem de sucessores que dura até hoje, viveu, serviu de referência e árbitro da Igreja primitiva, e onde deu sua vida em testemunho da fé, entre os primeiros dos milhares de mártires, como ele, testemunhas da fé à custa da própria vida.

Os sucessores de Pedro, como ocorre até hoje, passaram a convocar novas reuniões de bispos para o debate e decisões sobre questões essenciais, origem dos Sínodos ou dos Concílios, embora sobre os Colegiados, também até hoje, seja reconhecida a autoridade do Bispo de Roma, o Papa.

Não há dúvidas consideráveis sobre a legitimidade dessa linha de sucessores, mas é admirável que, sem força de se impor, ou de conquistar tão longa linha dinástica constante de 265 sucessores, já esteja ultrapassando os 2 mil anos, ininterruptamente, e ao que aparenta, e os teólogos e historiadores o confirmam, sem que houvesse desvio no essencial da doutrina.

Essa unidade não foi quebrada nessa longa história embora algumas diferenças pouco mais que rituais como da Igreja Ortodoxa, ou mais distantes como o Islamismo, este com raízes mais próximas ao judaísmo e aos nômades errantes do deserto e que tem sofrido frequentes divisões internas, algumas de caráter extremamente fundamentalista. De toda forma, necessário é ainda citar cisões de maior profundidade doutrinária a partir de dentro da própria Igreja Católica Romana, como a Reforma protestante, também sucessivamente dividida em centenas de crenças divergentes, de um modo geral, hoje, denominadas igrejas evangélicas, todas seguidores de Cristo, Reconhecido como o Redentor.

Mas apesar dessas perdas, a longevidade e a unidade que caracterizam a Igreja Católica - Arca da Nova Aliança, não é comum nas sociedades puramente humanas e só ela soma mais de 1.200 milhões de seguidores e, somadas só as três Igrejas monoteístas citadas, conclui-se que quase 50% da espécie humana, reconhece em Deus o único Criador, origem do Universo e da própria espécie, sendo que em sua grande maioria, reconhece também em Jesus Cristo, o Redentor.

No entanto se consideradas outras manifestações sagradas, como o hinduísmo, o budismo, os mais representativos, esse percentual ultrapassa indefinidamente os referidos 50%.

Não me parece lógico que mais da metade da humanidade viva num imenso equívoco coletivo.

Mais adiante haveremos de ver também, como a Mensagem do Redentor em sua essencialidade se globaliza e a humanidade prossegue de várias formas no caminho da Redenção, através de valores universais ou civilizatórios em continua evolução, nem sempre filiados à esta ou àquela confissão.

c) Os Sacramentos

Além da Igreja, o Redentor deixou para apoiar a nova Aliança feita com a espécie humana redimida, os sacramentos e outros instrumentos de apoio, de relacionamento com Deus, de fidelidade à fé. Os sacramentos, constituem instrumentos da Graça (presença do Deus entre os homens) deixados aos fiéis através da Igreja, além do Sacramento supremo do mistério da transubstanciação do pão e do vinho no Corpo e do Sangue do Redentor, nova forma de sua permanência junto a seu povo eleito, depois de ter estado presente sob a forma de Carne e Sangue, ou de Pessoa humana, como vimos sobejamente.

Além desse Mistério do Pão e do Vinho, a Igreja cataloga mais 6 sacramentos, como instrumentos específicos da presença, ou da Graça divina, em forma e momentos essenciais para a continuidade na vida da comunidade e de cada um, na obra da Redenção:

– O Batismo, pelo qual o fiel ingressa entre os redimidos do Redentor, remissão da queda original e adesão à Mensagem e ao projeto Redentor.

– O Crisma, pelo qual essa adesão é confirmada diante da autoridade da Igreja e infunde no crismando a força do Espírito Santo.

– A Confissão, pelo qual os pecados são perdoados, e as pessoas são purificadas para receber na plenitude da paz, o Corpo e o Sangue do Redentor transubstanciados sob a forma de Pão e de Vinho, se reconciliando com Deus.

– A Unção dos Santos óleos, destinada aos doentes, para sua cura, seu alívio das dores, ou sua passagem para a vida eterna.

– O Matrimônio, pelo qual se santifica o ato de amor e a multiplicação da espécie, de geração em geração.

– A Ordem sacerdotal, ou presbiterado pelo qual os escolhidos ingressam no Ministério da Igreja, como ministros da palavra e dos sacramentos. Esses sacramentos constituem parte da herança da Mensagem do Redentor.

– Assim, como o Sacramento supremo da Transubstanciação do Corpo e Sangue de Cristo, cuja circunstância e forma de instituição já foi objeto de reflexão na Ceia com que o Redentor deu início à sua despedida de seus apóstolos, os discípulos mais próximos, sabendo que naquela mesma noite iria dar início a seu sacrifício, cada um dos outros sacramentos teve seu momento de instituição.

O Sacramento do Batismo, a que o próprio Redentor se submeteu, através de João Batista, que batizava das águas do Jordão, é narrado pelos Evangelho de Marcos 1, 9 -12 e Lucas 3: 21-22 praticamente nos mesmos termos:

Quando todo o povo ia sendo batizado, também Jesus o foi. E estando ele a orar o céu se abriu e o Espírito Santo desceu sobre ele em forma corpórea, como uma pomba; e veio do céu uma voz: "tu és meu Filho muito amado; em ti ponho toda minha afeição".

A instituição do Sacramento da Confissão é narrada por São João no capítulo 20 de seu Evangelho, num das mais belas passagens das aparições de Jesus a seus apóstolos, depois da Ressurreição nos versículos 21-23.

Eis a narração de João:

"Disse-lhes outra vez: a paz esteja convosco. Como meu Pai me enviou assim eu também vos envio. Depois dessas palavras soprou sobre eles dizendo-lhes: "recebei o Espírito Santo. Àqueles a quem perdoardes os pecados ser-lhes-ão perdoados; àqueles a quem os retiverdes, ser-lhes-ão retidos". (João 20, 21-23)

No entanto, anteriormente, já na promessa da instituição da Igreja e do papado, o Redentor dissera a Pedro: *Eu te darei as chaves do céu e tudo o que ligares na terra, será também ligado no céu e tudo o que desligares na terra, no céu também será desligado* (Mateus 16, 18).

-O Sacramento do Crisma, na Igreja primitiva complementava o batismo através da unção da cabeça do batizando pelo Bispo com o óleo sagrado, como untavam seu corpo para as batalhas os combatentes e lutadores. Embora pelo batismo o batizado passava a ser parte na Igreja de Cristo o sacramento do Crisma, também chamado de Confirmação, visava fortalecer os "soldados de Cristo" na fé, nas perseguições, fortalecendo-os na fidelidade. Embora não haja uma menção específica nos Evangelhos, esse Sacramento ligado ao Batismo, constitui uma tradição desde a Igreja primitiva.

O Sacramento da Ordem Sacerdotal, ou Presbiterado foi instituído na última Ceia quando o Redentor mandou que seus apóstolos repetissem em sua memória o gesto de transformação do pão e vinho em seu corpo e sangue, o sacrifício incruento da Nova Aliança *Fazei isto em minha memória.* (Lucas 22, 19).

Anteriormente o Redentor, segundo narra Lucas no Capítulo 10 de seu evangelho, já induzira a Missão que haveria de deixar a seus apóstolos e sucessores quando mandou seus discípulos que fossem a todas as Nações a anunciar a boa nova, curar doentes, expulsar demônios. (Lucas 10:1-24).

E ainda após a Ressurreição, no evangelho de São João, que descreve mais um momento da Missão entregue aos apóstolos pelo Ressuscitado. Repito: Disse-lhe Ele: "*A Paz esteja convosco. Como o Pai me enviou assim eu vos envio a vós" Depois dessas palavras soprou sobre eles dizendo-lhe: "recebei o Espírito Santo, Aqueles a quem perdoardes os pecados ser-lhes-ão perdoados; àqueles a quem os retiverdes, ser-lhes-ão retidos*". (João 20, 21-23).

Resta clara nesses episódios, a Missão que o Redentor deixava a seus apóstolos e os que os sucedessem, como seus representantes na pregação de sua Mensagem, na ministração de sua Graça, através da Ministração dos Sacramentos e da palavra, na continuidade do Projeto da Redenção da humanidade.

O Sacramento do Matrimonio, consagrado desde a Antiga Aliança e, antes, desde o começo da espécie humana, e mais, desde que as criaturas se multiplicaram pela junção do homem e da mulher, o masculino e o feminino, junção que sempre teve um quê de sagrado em todos os povos, cercado de rituais e preces.

Segundo a imagem utilizada pela Bíblia, Deus, tendo visto que Adão estava só, usou de toda sua infinita forma de criar, dando a ele uma mulher, para que convivendo e se conhecendo procriassem e povoassem a terra.

Jesus Cristo santificou a união do homem e da mulher em várias ocasiões, desde seu primeiro milagre que quis tivesse por cenário a comemoração de um casamento, até respondendo a pergunta que lhe fizerem os fariseus sobre a perpetuidade do matrimônio: *"No começo não os fez Deus homem e mulher? Por isto deixará o homem seu pai e sua mãe e se unirá a sua mulher e serão os dois uma só carne. Por isto não separe o homem o que Deus uniu"*. (Mateus 19, 4-6).

Tão significativa é esta expressão de que o homem deixará seu pai e sua mãe e se unirá a sua mulher que ela é repetida em seus Evangelhos por Marcos (10, 7), e ainda em São Paulo, que dedicou ao Sacramento todo o capítulo 7 de sua carta I aos Coríntios, acrescentando sua visão, e ainda em sua carta aos Efésios (5, 21-33), onde ele descreve todo o sentido ideal do sacramento, situando-o nas condições concretas de seu meio.

E ainda quando perguntado, como então Moisés admitia a separação do homem e da mulher, Jesus foi duro em sua resposta, pois falava aos fariseus que sempre estavam a tentar fazê-lo cair em contradição. Deixando de lado a proposição doutrinária, foi direto: "*Moisés o permitiu por causa da dureza de vossos corações*". (Marcos 10, 5).

No entanto, agindo além da dureza dos corações, Jesus reconheceu a fragilidade humana, compreendendo e acolhendo em diversos momentos, mulheres que a dureza do coração dos fariseus sentenciava como adúlteras ou pecadoras. Cito três desses episódios, onde o Redentor comprovou que ao castigo, preferia o acolhimento ou a misericórdia como prega o Papa Francisco.

O primeiro foi em relação à mulher samaritana que tinha tido cinco maridos e que recebida por Jesus junto ao poço onde ele descansava, recebeu dele, em troca da água, a promessa da água da vida eterna e que, voltando convertida, acabou por trazer toda a cidade para conhecê-lo como o Messias.

O segundo episódio ocorreu com Maria Madalena, julgada pecadora pública, que veio onde estava Jesus em um jantar e, apesar do protesto dos fariseus, lavou-lhe os pés entre lágrimas, enxugou-os com seus cabelos e untou-os com seu perfume, tornando-se uma das mais fiéis seguidoras, acompanhando-o até os pés da cruz.

Enfim o terceiro episódio ocorreu com a mulher apanhada em adultério e que foi trazida a Ele pelos fariseus para ser apedrejada segundo mandava a lei de Moisés, era a acusação. Jesus encarando-os sentenciou: *quem, entre vós não tiver pecado atire a primeira pedra*, inclinando-se começou a escrever na areia. Quando Ele viu que o último dos acusadores tinha se retirado, levantou-se e perguntou: *Mulher, ninguém te condenou*? e diante da resposta negativa concluiu: *Ninguém te condenou...eu também não te condeno. Vai em paz e não peques mais.* (João 8, 3-11). Usando da misericórdia, Jesus a ninguém condenou, mas a todas converteu e deu a paz.

O Sacramento da Unção dos Enfermos, busca suas origens na compaixão de Jesus pelos que, enfermos, sofriam do corpo e da alma, compaixão que se tornou concreta na cura, às dezenas, de doentes, talvez centenas ou milhares não detalhados nos evangelhos. Seus fundamentos podem também ser buscados na ordem, já referida, que deu a seus apóstolos para que fossem de cidade em cidade para expulsar demônios, perdoar pecados e curar doentes, sendo que os apóstolos ao voltarem, alegres, contaram de tantos demônios expulsos, de tantos pecados perdoados e de tantos doentes curados pela imposição de suas mãos. Mas pode-se lembrar também a própria promessa do Redentor feita ao ladrão arrependido de que, *"hoje mesmo estarás comigo no paraíso".* (Lucas 23, 43).

d) Sobre a oração e outros ritos.

Pelo que significam no processo de Redenção, de fortalecimento da fé e da prática do bem, o Redentor deixou ainda como apoio e sustentação de sua obra, a reflexão, ou meditação como forma de união com Deus, como também pela oração, pelo jejum e ainda por outras boas obras que ele mesmo praticou inúmeras vezes e ensinou a seus discípulos garantindo-lhes *a* validade de formas diversas de devoção, especialmente da oração, e da oração em comum unidade:

"Se dois de vós se reunirem na terra para pedir, seja o que for, consegui-lo-ão de *meu Pai que está no céu. Porque onde dois ou mais estiverem reunidos em meu nome, eu estarei no meio deles".* (Mateus 18, 19 -20). Enfim, estando Ele a rezar, um discípulo aproximou-se dele e lhe pediu (Lucas 11, 1):" *Senhor, ensina-nos a rezar".* Jesus o atendeu. "*Quando rezardes a meu Pai, dizei:*

"Pai nosso que estais no céu, santificado seja vosso nome, venha a nós vosso Reino, seja feita vossa vontade assim na terra como nos céus. O pão nosso de cada dia nos dai hoje, perdoai as nossas ofensas, assim como nós perdoamos aos que nos ofendem e não nos deixeis cair em tentação, mas livrai-nos de todo mal".

Depois disso tudo, da Mensagem trazida, do Sacrifício consumado, da Aliança proposta e dos Meios ou Instrumentos legados para fidelizar as criaturas à Nova Aliança, foi completa a obra do Redentor, cabendo agora à criatura, pondo em prática a Mensagem, repetindo o sacrifício do Pão e do Vinho, e utilizando os meios e instrumentos legados, retornar ao Criador.

Esse retorno se realiza, e pode ser refletido, sob o ponto de vista individual, que se inicia com o nascimento e se completa na morte de cada um, ou pode se realizar e ser considerado na história da espécie humana, isto é, na construção de um mundo, um meio, uma cultura ou uma civilização, de acordo com a mesma Mensagem e o mesmo Projeto Redentor, trazido para a salvação da espécie predileta da criação: a espécie humana.

3. O retorno da Criatura ao Criador

3.1. Os fundamentos

Transcrevo um dos últimos ensinamentos do teólogo e sacerdote Paulo Bratti, que assim se expressou sobre o caminho de retorno da espécie humana a seu Criador, a quem Ele deu a missão de cuidar de toda a criação, dominando-a, preservando-a e utilizando-a para seu bem.

Nesse ensinamento do teólogo, está claramente afirmado mais uma vez o respeito do Criador pela Consciência e pela Liberdade dadas à sua criatura para cumprir essa missão de retorno ao Criador, não só nos seus atos individuais, mas na construção de um mundo ou de um meio onde os homens vivem, ou seja de uma cultura ou uma civilização que sejam a construção do próprio caminho de retorno, ou de volta da criatura ao Criador.

Diz o teólogo:

"Se o homem não é autônomo e responsável por seu agir, ele não é mais homem. Ele pode e deve, portanto, (sendo responsável por seu agir) criar seu próprio meio humano, quero dizer, de civilização e cultura como sua linguagem (ou estrutura) econômica, política, cultural e moral. Se Deus interviesse no nível da iniciativa humana, Ele entraria em concorrência com a nossa Liberdade".

Se, pois, de um lado, o homem, por suas ações individuais, caminha na direção do retorno ao Criador ou no rumo contrário, se, de outro lado, construir um mundo (seu meio, sua cultura ou civilização) segundo o plano de Deus, é construir o caminho para esse retorno, então a partir desta perspectiva, não há como não refletir inicialmente, sobre os diversos ângulos, ou caminhos desse retorno, dentro de duas perspectivas:

- sobre a própria história, a história de cada um, ou seja, a Redenção como um processo individual

- sobre a participação da espécie humana na Antiga e na Nova Aliança, hoje na construção da Civilização globalizada analisando a história da Redenção ou, num sentido mais amplo, a participação de toda a espécie humana nessas história, passados 20 séculos desde a vinda do Redentor, sua Mensagem e seu Sacrifício supremo.

3.2. A Redenção como processo individual.

A questão inicial, do ponto de vista individual, é se a criatura nasce com a Consciência manchada a partir de uma queda na origem da espécie humana, ou se essa herança constitui uma mancha individual ligada ao dom da Consciência e da Liberdade, sendo atribuída ao indivíduo apenas pelo fato de ele pertencer à essa espécie que as usou mal. A realidade é que, segundo a tradição e a teologia, é através do batismo que, independentemente de sua origem, ou sua natureza, essa mancha é apagada.

Tem sentido também que, sendo esta mancha apagada pelo batismo, o primeiro dos sacramentos a serem recebidos segundo costuma praticar a tradição e de acordo com o ensinamento da teologia, faz sentido, dizia, que o batismo seja ministrado logo após o nascimento da criança liberando-a de qualquer herança do mal, deixando-se o Crisma ou sua confirmação, como uma opção religiosa a ser ministrado posteriormente, após a chamada idade da razão, pois a partir desta idade criança somar condições de opção livre, individual. De toda forma se pode ainda registrar que João Batista batizava os adultos, inclusive Jesus Cristo, embora, evidente eram outras as circunstâncias, em relação à era pós Redenção.

Enfim, nesse entendimento faz sentido também que o sacramento do Crisma seja chamado de sacramento da Confirmação, por que no Crisma, o Batismo é confirmado sob as bênçãos do Espírito Santo, nos termos do ritual, como foi no batismo de Jesus, o Redentor, e assumido pela interpretação da teologia e pela liturgia da fé.

Dentro do sentido da Redenção, de que ela se realiza na história e não apenas no ato ou na vida do Redentor, se entende que a redenção individual também não se realiza num ato só, seja o batismo, ou qualquer outro sacramento eventual, ou apenas na obediência a um ou outro mandamento, e sim se realiza na prática continua da fé e de suas implicações concretas, desde o momento em que tenha havido a opção pela fé.

Assim, na história, como a Redenção acontece desde a participação do Redentor e continuará acontecendo até o fim dos tempos, da mesma forma, há de ser a redenção individual, das pessoas, desde sua opção pela fé, melhor se for desde o começo essa opção, embora importe mais a fidelidade ao ato de opção num processo que dure até o fim individual do que, propriamente, do momento em que a opção teve início. O que importa acima de tudo é a fidelidade na fé, podendo ser citado como exemplo Paulo de Tarso, convertido, São Paulo Apóstolo, que testemunha:

"*Combati o bom combate, guardei a fé, espero agora a coroa da justiça que me está reservada*". (Carta a Timóteo 4:7-8). Ele abraçou a fé na vida adulta, inclusive depois de ter, como centurião romano, perseguido fortemente os cristãos.

Na verdade, a ideia de que seria um respeito maior à liberdade deixar para a vida adulta a opção pela fé, exigiria do ponto de vista racional, como pressuposto para uma escolha adequada, um estudo minimamente aprofundado sobre as religiões, a opção por determinada religião, ou a negação de qualquer opção religiosa. No entanto, na prática, esse estudo, ou preparo, via de regra não ocorre, e tende a diminuir cada vez mais de geração em geração, até porque esta perda vem se agravando por esta mesma causa, de geração a geração.

Vale, enfim, considerar, do ponto de vista da fé, que, sendo o Batismo, como é, o primeiro dos sacramentos, este retardamento priva as gerações da Graça concedida por ele e pelos outros sacramentos, deixando-as sem acesso a ela, a Graça, por todo esse tempo, em desconhecimento da própria razão de ser do Sacramento, isto quer dizer, do apoio e do fortalecimento da fé, ou da Graça, bem como da força necessária para o fortalecimento na hora das opções referentes ao bem ou ao mal, que é este o sentido ou a razão de ser dos Sacramentos e da própria fé.

Enfim, creio, e a competente pedagogia o confirma, que a introdução à questão religiosa, como à outras questões importantes, não poderia deixar de fazer parte do processo educativo desde a primeira infância, pois entre essas questões importantes, a fé é elemento fundamental na definição, especialmente dos valores, mas não só. É também instrumento básico em referência a questões éticas e morais inerentes a todas as ações humanas, instrumento que haverá de acompanhar as pessoas durante toda a vida. Não teria sentido que essas opções essenciais devessem ser tomadas, sem a opção, ou ao menos sem o conhecimento básico, sobre as questões da fé e seus valores.

Esta é uma dimensão referente à história da fé, individualmente considerada. Ocorre, porém, que a cultura, ou a civilização, embora tenha uma identidade própria, são também ambas fruto e consequência do que são as pessoas que as constroem e constituem resultado da identidade do que são essas pessoas, do que elas pensam, do que elas fazem. Não é, pois, adequada a construção da sociedade, chame-se cultura ou civilização, sem a participação das opções definidas pelas pessoas.

Esta lógica reforça a importância de antecipar a opção religiosa, no pressuposto de que a religião constitui um fator importante, como foi dito, não só para as opções individuais, mas para contribuir na construção das civilizações, o meio, ou o ambiente onde se desenvolve e vive a espécie humana através da história. Se se quiser aguardar a opção pela fé para o momento de se ter solucionado todos os mistérios, de certeza, não se vai chegar a lugar nenhum em relação a própria fé e, em consequência, em relação à construção da civilização em harmonia com seus valores.

3.3. Sobre a participação da espécie humana, na Antiga Aliança, na Nova Aliança e na construção da Civilização.

De tudo o que foi dito, do que pode ser melhor compreendido e do que constitui e continua sendo o Mistério embutido como realidade essencial em todas as questões essenciais, seguramente se confirma que o processo da Redenção como fato social, se deduz que, necessariamente, esse processo tem duas outras dimensões:

– Uma dimensão divina e uma dimensão humana.

Não há dúvida por toda a análise, que o Criador quis que fosse realizado o Projeto da Redenção, respeitadas essas duas dimensões.

Por isto o Criador de todas as coisas, no momento da criação, pelo sopro da Consciência em sua criatura, quis que ela fosse, como vimos, *à sua imagem e semelhança*, portanto, que participasse de um atributo de sua natureza.

Em sequência o Redentor não haveria de permitir que a criatura redimida e sua organização, ou forma de relacionamento, deixasse de ser parte essencial do mesmo processo, deixado apenas como responsabilidade divina. A espécie humana foi criada para associar-se ao Criador na continuidade da obra criadora, que não acabou com a criação da espécie e nem com sua redenção, mas que haverá de continuar até o fim dos tempos, ou a chegada ao ponto Ômega, já referido, caracterizando a Nova Aliança do Criador com sua criatura.

Isto nos leva a refletir sobre a forma como o Redentor quis fazer que acontecesse o Mistério da participação da criatura nesse processo.

a) A participação das criaturas na Antiga Aliança

Recorrendo à visão bíblica, na Antiga Aliança, o Livro nos mostra como se deu a participação do povo escolhido. A elc foi entregue pelo Criador a promessa de que seria enviado o Redentor, juntamente tornando-o testemunho ou guardião da existência de um Deus único, Criador de todas as coisas. Foi este o essencial da forma da participação da criatura no processo Redentor, na Antiga Aliança

Paralelamente, porém, nos mostra a Bíblia quanto e quantas vezes o povo hebreu, escolhido, falhou na fidelidade a essa Aliança, em função do que, da mesma forma nos, mostra, quanto e quantas vezes foi o povo castigado por suas infidelidades. Esta série de castigos, que se inicia com a expulsão do Paraíso do primeiro casal, com a angustiada fuga de Caim e prossegue com o dilúvio, ainda antes da formalização da Aliança, que só se daria com Abraão, castigo este do dilúvio, em que a espécie humana, dizimada juntamente com toda espécie de animais terrestres, foi salva da extinção, porque havia um homem justo e fiel, Noé.

Assim, pela fidelidade de Noé foi salva a espécie humana e foram salvas as sucessivas gerações.

No entanto, conforme narração da mesma Bíblia, tempos depois Deus já não encontrou um mínimo de justos, através de cuja fidelidade teriam sido salvas as cidades pervertidas de Sodoma e Gomorra, cidades que, por sua infidelidade, foram destruídas pela justiça punitiva de Deus, que sobre elas fez cair o fogo do céu, segundo a narrativa bíblica.

Também pela mesma infidelidade o povo, resgatado da escravidão do Egito, por quarenta anos foi deixado a peregrinar pelo deserto do Sinai, para que toda a geração nascida no Egito e salva da escravidão morresse, inclusive Moisés, seu líder, sem entrar na Terra Prometida.

Enfim, pela mesma infidelidade, foi destruído o majestoso templo de Jerusalém construído pelo Rei Salomão, e o povo hebreu, especialmente sua elite, foi levado a cumprir 50 anos de escravidão na Babilônia, de onde foi liberto pelo imperador Ciro, impressionado pelas pregações do profeta Daniel, lembrando e profetizando o tempo de espera e a vinda do Redentor.

No entanto, mesmo depois da vinda do Redentor, mais uma vez foi destruído o majestoso Templo, reconstruído pelos hebreus após seu retorno da Babilônia. A nova destruição pelos exércitos Romanos haveria de ocorrer no ano 70 DC, depois de o povo gritar no pátio de Pilatos, condenando à morte o Redentor:

"Que seu sangue caia sobre nós e sobre nossos filhos." (Mateus 27, 25).

Com a destruição do Templo e da própria cidade de Jerusalém o povo hebreu o escolhido da Antiga Aliança, foi espalhado pelo mundo, para que não mais fosse reconhecido como o depositário, ou o depositário único dessa

Aliança. O Redentor viera selar a Nova Aliança substituindo aquela para cuja promessa o povo hebreu, por sua fidelidade, e apesar de suas infidelidades, fora escolhido guardião. Assim foi o processo de participação dos hebreus no Projeto da Redenção, segundo a Antiga Aliança. Como seria a participação do povo, e qual seria o povo, no projeto da Redenção, ou na nova Aliança?

b) A participação na Nova Aliança.

Na Nova Aliança trazida pelo Redentor, o compromisso já não seria com um povo, ou um Templo, mas com toda a espécie humana, para o que haveria de se realizar o próprio Sacrifício do Redentor, sua Mensagem e sua herança, que nela haveria de unir todos os povos até o fim dos tempos.

Com a Redenção, portanto, revelou-se a outra face da imagem do Deus Criador, da justiça punitiva da antiga Aliança, que cedeu o lugar para o Deus da justiça misericordiosa, o Deus do Amor como ficou explícito, e isto já foi analisado anteriormente, na Mensagem, no Sacrifício e na herança deixada pelo Redentor, inclusive na assistência que, segundo promessa ao apóstolo Pedro, estaria presente em sua Igreja até o fim dos tempos. (Mateus 16: 18).

Esta nova Aliança, porém, não eliminaria por si, pelo sacrifício do Redentor e os outros dons da Redenção, todos os erros, as quedas, ou qualquer infidelidade, que haveria de continuar acontecendo com a humanidade redimida, nessa sequência.

Na Nova Aliança, como sinal e instrumento da Redenção, foi para todos imolado o Redentor, deixada sua Mensagem, e, ainda, como instrumentos de fortalecer e preservar a fidelidade na fé, foram deixados os sacramentos, a oração e outros sinais, como vimos.

Por toda essa herança deixada à humanidade pelo sacrifício do Redentor, a Misericórdia de Deus, na Nova Aliança, foi estendida para toda a humanidade, apesar de suas infidelidades, sejam infidelidades dos fieis individualmente, de povos, da própria "Arca da Nova Aliança", ou da espécie humana. A Misericórdia, portanto, passa a fazer parte da essência da Nova Aliança, o que é evidente, senão que sentido teria a vinda do Redentor, sua Mensagem e, especialmente sua Morte?

Neste contexto se inclui, e deve ser entendida também a dimensão humana da nova guardiã da fé, ou Arca da Nova Aliança, a Igreja, entregue às mãos humanas, seus erros e suas infidelidades, acontecidos em sua longa história e permanentemente preservada a doutrina original, segundo a teologia fundamentada na infalibilidade do Papa, sob assistência especial do Espírito Santo em questões de doutrina, cumprida a promessa, já referida anteriormente, feita a Pedro pelo Redentor. Tem lógica essa assistência, no pressuposto de que, para o processo da Redenção, foi empenhado até à morte o Redentor.

Não sei se a lógica das ciências por si pode explicar que, apesar dos erros e da quebra constante ou eventual, particular ou coletiva da Aliança, ou da própria depositária da Mensagem e seus instrumentos, a Igreja enquanto Arca da Nova Aliança, a espécie humana, dois mil anos depois, continua caminhando pelo *caminho da verdade e da vida*, o percurso deixado pelo Redentor, ou pela teologia do Amor, personificada nos Projetos da Criação e da Redenção.

Nesse caminho, com tropeços e vagarosos, mas contínuos passos, caminha a espécie humana...e abre caminhos para seu retorno, individual e coletivo, ao Criador. Ocorre que a existência e a força salvífica do Mistério da Redenção faz a diferença entre a ciência e os relacionamentos na

Antiga e na Nova Aliança, instituídas por Deus com a espécie humana, agora redimida de suas infidelidades pelo sacrifício da segunda Pessoa divina feita carne, que assumiu e quis carregar em seus ombros os pecados, ou erros, da humanidade...

Por este Mistério, essência do Projeto da Redenção, se há de entender melhor o Deus misericordioso da Nova Aliança, e melhor se pode entender também que tantos males ocorram no mundo, sem o correspondente castigo caído do céu como, de acordo com as narrativas bíblicas, acontecia na Antiga Aliança e ainda tantos esperam que aconteça nos tempos da Nova Aliança. Mas não acontecerão.

Foram dois mil anos nesta caminhada, com fidelidades e infidelidades sem que se cansasse a Misericórdia de Deus para com o novo povo eleito, a espécie humana toda, força e misericórdia nunca tão necessárias e a serem buscadas neste momento na Mensagem da Redenção, quando a humanidade, a Civilização ou a Cultura a que se refere, já citado, o teólogo Paulo Bratti, cresce, se torna cada vez mais complexa, se globaliza e se torna cada dia mais interdependente, ou ameaçadora, pelos condicionamentos da força e do poder que à esta sociedade globalizada impõem, ou condicionam, os avanços da Ciência e da Tecnologia.

c) O projeto Redentor na civilização globalizada

Por tudo isto, os avanços da Ciência e da Tecnologia refletida nessa análise das relações do Criador com suas criaturas, nos induz a deduzir, e a realidade o comprova, que as opções da Consciência humana, e, portanto, da Liberdade, diante desses avanços da Ciência e da Tecnologia não apenas permanecem, mas assumem uma nova e infinitamente maior responsabilidade, nos obrigando à pergunta: Estará a espécie humana pronta para assumir essa nova dimensão? É preciso reafirmar sempre, e por isto reafirmo, que, em seus Mistérios, o Criador, no projeto da Redenção, preferiu deixar que prevalecesse na espécie humana a Consciência e com a Consciência a Liberdade, pondo novamente a espécie humana a todo momento diante da opção entre o bem e o mal... Esta tensão entre o bem e o mal também, e de modo especial acontece hoje e acontecerá no futuro, especialmente em função desses avanços da Ciência e da Tecnologia, devendo a espécie humana responder pelas consequências da forma como vier a utilizá-la.

É, pois, nesta nova sociedade complexa e em continua transformação, porém redimida pela Mensagem, pelo sacrifício do Redentor e pela sua herança, que cada um, individualmente, ou as instituições humanas, coletivamente, se vêm constantemente diante dessas mesmas opções, entre o bem e o mal. Nesta continua opção, toda a lógica desse processo que fundamenta minha fé, me dá segurança em afirmar que, apesar dos erros e dos desvios, crescem e continuarão crescendo nessa Civilização em continua mudança os valores e a Mensagem da Redenção.

Cresce essa Mensagem, em primeiro lugar, pela descoberta, pela aproximação, e pela busca da unidade da Mensagem do Redentor, com valores e Mensagens iguais ou semelhantes vindas de outros tempos, de outras fontes, ou *de outras moradas do mesmo Pai*, como foi visto anteriormente.

Creio que tem sentido na riqueza dessa perspectiva, considerar a Igreja Católica, da sucessão ininterrupta dos 266 papas desde o Apóstolo Pedro, o primeiro papa, e do povo cristão, como a guardiã da herança do patrimônio do Redentor ou, como foi dito, essencialmente como a verdadeira Arca da Nova Aliança, guarda, garantia e referência da Mensagem do Redentor, em comunhão ecumênica com outras Mensagens que herdaram e vivem os mesmos valores e, de certeza foram igualmente objeto da Mensagem e da morte do Redentor.

É neste contexto, de uma sociedade que se globaliza, que desejo uma reflexão, ainda que mínima, sobre os seis últimos papas cujo mandato tive ocasião de conhecer e viver em maior profundidade, percebendo como, condutores da "Arca da Nova Aliança", eles, em meio à resistências e incompreensões, a inserem no rumo desta civilização globalizada. Para mim foi, e é, de especial importância essa visão, para que se admita, ou aceite, a assistência especial do Espírito Santo, ou da Trindade Divina, na construção do caminho da espécie humana, ou de toda criatura, em busca das moradas do Pai.

Para minha visão desse processo, início pelo Papa João XXIII, filho de agricultores do Vêneto, do tipificado no nome de Cardeal Roncalli, nada de intelectual, mas que, com a inesperada convocação do Concilio Vaticano II, surpreendeu o mundo, abrindo a Igreja para sociedade em transformação, *aggiornando* a Arca da Nova Aliança, na certeza de que contaria com assistência do Espírito Santo nessa obra... e nem poderia ser diferente. Sem dúvida esse Concílio foi, neste esforço pelo *aggiornamento* (atualização), um significativo marco para continuar inserindo harmonicamente a Mensagem do Redentor com as transformações da civilização para que ela, a Mensagem, possa continuar a ser luz a iluminar os caminhos do retorno da espécie humana, enfim, de toda a criatura ao Criador.

O sucessor de João XXIII, Paulo VI, um intelectual de 1ª linha, codificou as decisões do Concílio, sendo sucedido por João Paulo I que, por sua vez, apenas legou ao mundo um fraterno sorriso e na sua timidez foi levado ao seio de Deus, apenas 33 dias após sua posse...

A igreja precisava naquele momento de um furacão semelhante a Paulo Apóstolo que na Igreja primitiva correu o mundo e pregou a Mensagem a Gregos e Romanos, e para tornar efetiva essa semelhança o Espírito Santo trouxe da distante Polônia o Cardeal Wojtila, João Paulo II que levou o Concilio ao mundo, pregou aos Poderosos e aos Pobres, submeteu regimes e renovou a Igreja como quis o Concílio, ou talvez Deus, o Espirito Santo. João Paulo II foi substituído por Benedito XVI, novamente um intelectual, mas que, perdido no meio das transformações e sentindo-se incapaz de responder a essa complexidade do mundo transformado, como também às viciadas estruturas da burocracia do Vaticano, renunciou, abrindo um novo espaço para a Mensagem, como quis o Espírito Santo.

Vindo também do fim do mundo ou, como disse, vindo do meio do povo, onde o Espírito Santo foi buscá-lo para surpresa do mundo, mais do que para "aggiornar" a doutrina, o que havia sido feito pelo Concílio, o Cardeal Bergoglio, que escolheu ser simplesmente o Papa Francisco, veio para pôr em prática o Amor, a pobreza, o acolhimento, a misericórdia e a compreensão por todos e a todos os homens, como fez o Redentor, sejam santos ou pecadores, não se pondo como Juiz de todas as pessoas, de todas as religiões, de todas as raças, mas todos chamados pela Mensagem do Redentor e redimidos pelo Mistério da Redenção.

Nessa compreensão da essencialidade da Mensagem do Redentor num mundo globalizado, pluralista na pluralidade das Consciências humanas, de sua Liberdade e da responsabilidade decorrente, Francisco, o Papa, busca a construção da justiça e da paz, só possível numa organização social, com uma nova economia (dita por Francisco. Por ele por Assis?), aberta à participação de todos os seres humanos, como ensinou e praticou Jesus, o Redentor, no respeito à natureza, como a espécie humana também obra da criação, e assim tem praticado e pregado em suas cartas, dentre as quais é essencial registrar as Encíclicas, *Lumen Fidei, Fratelli Tutti e Laudato si* (A Luz da Fé, Somos Todos Irmãos e, ainda, Louvado sejas... Senhor, pela natureza) as Mensagens da Fé, da Caridade ou do Amor e do Louvor a Deus (por toda a natureza) resumo da essencialidade da Mensagem do Redentor, uma resposta às angústias e à esperança do mundo, esse mundo transformado.

A sucessão, as características e a obra de cada um desses Papas revelam, para mim de forma evidente, que a Igreja, Arca da Nova Aliança, recebe em cada momento, a presença divina realizando, de acordo com a promessa do Redentor, *de que estaria com sua Igreja até os fins dos tempos,* (Mateus 28, 20) sustentando-a na fidelidade à doutrina e apesar, ou por causa, de suas fragilidades humanas, de suas quedas ou de seus erros nas coisas, que também existiram, e a história dá testemunho.

Sei que a alguns não agrada essa interpretação, mas sempre foi assim, como desde o começo alguns não acataram o Redentor, e sua Mensagem redentora, mas ela está ali, iluminando o mundo.

Assim retorna à igreja a ser a Arca da Nova Aliança, garantidora dos valores permanentes e dos novos valores universais, *em minha casa há muitas moradas.* (João 14, 2), o Amor como o maior mandamento, a Paz, os direitos humanos, o respeito à natureza, aceitos e vividos nessa fraterna comunhão, que faz de todos um só, como queria o Redentor, (*para que todos sejam um* (João 17, 21) e desta forma a Mensagem da salvação estende-se para toda criatura, todos os povos e todas nações, apesar das dimensões enormes do caminho ainda a ser percorrido.

Na verdade, é preciso distinguir o essencial da Mensagem e como ela é vivida. Mas é preciso perceber que, em consequência dessa transformação do mundo nessa Aldeia Global, muitas barreiras que separavam religiões, ideologias, pessoas, grupos, culturas, raças, povos e nações, negócios e identidades, foram, estão e continuarão sendo derrubadas pela evolução da própria Civilização.

Em consequência se torna inevitável responder de forma adequada, complexa e harmônica, sobre como construir e caminhar junto à espécie humana, nesse caminho que falta percorrer, *caminho da verdade e da vida*, ou seja, o caminho do Amor, *no qual se resume toda lei e os profetas*, como afirmou e quis o Redentor que fosse o lugar da chegada o Ômega, assim como foi o Alfa da partida,

3.4. A Criação amorizada.

Foi uma surpresa para mim, que o caminho percorrido na confecção deste livro, atento à ciência experimental, mas progredindo na aplicação da lógica da filosofia que me levou ao horizonte onde se encontram a teologia, ou a Revelação e a fé, me fez chegar ao mesmo horizonte ou lugar de chegada, ao mesmo Ômega onde me levou o caminho que percorri e o lugar a que cheguei em meu livro *Por uma Civilização Participativa e Solidária.* A proposta: a construção de uma Civilização ou de uma Criação amorizada.

No entanto, naquele livro eu fui conduzido pelos estudos da antropologia, da história, da sociologia, e da economia, após mais de 50 anos de estudos, experiências de vida pública e de vida acadêmica, que me levaram à conclusão que o processo de evolução da humanidade caminha no sentido da construção de uma Civilização Participativa e Solidaria, a que chamei de CIVILIZAÇÂO AMORIZADA, expressão, aliás, que, pela identidade, busquei em Teilhard de Chardin, citado naquele como também neste livro.

Por essa surpresa, volto a registrar que por esses dois caminhos diferentes cheguei da mesma forma à Fé que, em sua essência, poderia simplesmente ser chamada de construção do AMOR, o Amor que resume *toda a lei e os profetas, (Mateus 22, 36-40)* esse Amor que, ultrapassando o contexto de Civilização, insere a espécie humana, a humanidade de todos os tempos, ou toda a Criação, no Projeto Redentor, ou na visão da fé, que nos leva, de retorno ao AMOR, o Deus Criador de todas as coisas. Estou seguro de que só alcançando essa dimensão transcendental, absolutamente essencial, a Civilização amorizada se torna possível e é nesse sentido absoluto do conceito que ela poderá ser construída.

Enfim, é ainda por essa mesma surpresa, que quero me deter nas identidades das conclusões deste livro, *O Mistério de Tudo*, especialmente com o livro *Por um Civilização Participativa e Solidária, A PROPOSTA*, (1919) mas também com seus anteriores, dentre eles, *PARTICIPAÇÃO E SOLIDARIEDADE, A Revolução do Terceiro Milênio* (2004) e *A IDADE DO HOMEM, Fundamentos para uma Civilização humanizada* (1982).

Esses livros identificaram no estágio atual da Civilização, grande quantidade de valores que coincidem com os valores da Mensagem do Redentor, anseios e buscas, esses valores, a que atribuí o nome de Massa de Consciência.

A Massa de Consciência constitui uma identidade que une pessoas e grupos ou instituições em quantidade crescente em todo mundo, ou em toda a espécie humana, nesses tempos transformados por suas características de comunicação, relacionamentos e interdependência, que transforma todos em habitantes de uma nova Aldeia, nova porque de dimensão global, absolutamente diferente das aldeias medievais ou de outros tempos.

Os que vivem nessa nova Aldeia e a percebem, ou a assumem na sua complexidade, integrantes da Massa de Consciência, estão recebendo, difundindo e vivendo, de forma consciente ou não, o essencial da Mensagem: a paz e a harmonia entre pessoas, grupos e Nações, a justiça ou os direitos humanos, que fazem todos os seres humanos iguais (*todos filhos do mesmo Pai,*) acrescenta a fé), a solidariedade e a cooperação, o respeito à natureza e à preservação dos recursos naturais do Planeta, ou do Universo, enfim o Amor, *que supera toda lei e os profetas* segundo a Mensagem, o mesmo Amor, que é chamado a inspirar todas as estruturas e todas as ações da nova Civilização, segundo as aspirações essenciais da espécie humana: a Massa de Consciência.

Essa identidade, independentemente de quaisquer características, que poderiam separar ao invés de unir as pessoas, os grupos, enfim, a Civilização, na verdade está chamando a espécie humana, ou a humanidade desses novos tempos, a viver em harmonia na diversidade (porque é essa complexidade que caracteriza a natureza evoluída) e, na visão da fé, na construção dos caminhos de retorno ao Pai, independentemente de ideologias, de crenças, de raças, de costumes, de regimes ou de quaisquer outros atributos.

Em resumo: os valores da Massa de Consciência em crescimento no mundo, aqueles livros a resumiram na expressão Participação e Solidariedade, cuja essência, por sua vez, se identifica, ou se sintetiza no AMOR. O Amor, que, segundo a Mensagem essencial do Redentor, *resume toda a lei e os profetas, e* que, por consequência constitui a essência da fé e seu compromisso na construção de toda Criação amorizada.

É nesta sintonia entre a Mensagem e a Massa de Consciência que reside a segurança da construção de uma nova organização da espécie humana posterior aos avanços das Ciências e da Tecnologia, ou seja, parte da Criação: a Civilização Amorizada.

Retornando à análise do que justifica minha Fé, devo concluir que, se o AMOR foi o princípio Criador, que deu origem à espécie humana e que, tendo sido perdido desde o começo pelo mau uso da Consciência e recuperado através do Projeto Redentor, fica claro, nesta perspectiva, que o fim, a chegada, ou simplesmente o objetivo, o alvo da seta, para utilizar mais uma vez, a linguagem de Teilhard de Chardin, o fator que move e faz sobreviver a história dos homens, ou das criaturas, há de ser sempre o AMOR.

Se assim não fosse, o projeto da Criação, cujo mau uso da Consciência era conhecido do Criador por força de seu conhecimento a temporal, se não incluísse o Projeto da Redenção, teria sido na verdade um projeto suicida, pois seria o Amor permitindo que no Amor fosse inserido o germe de sua própria e definitiva destruição.

O Projeto da Redenção, portanto, justifica o Amor não apenas como a origem, mas como o fim, o objetivo de toda Criação e Amorizar a Criação, ou construir a Civilização Amorizada, portanto, significa dar continuidade e plenitude, ao projeto da Criação, em permanente e continua evolução.

3.5. Para que todos sejam um (João 17, 21).

Mas...haverá sinais de que a espécie humana caminha no rumo da amorização? São tantos os sinais desse caminho que é difícil iniciar por citar este ou aquele como o maior sinal, ou o mais importante. Mas a percepção da existência do poder crescente da Massa de Consciência é, sem dúvida, o fator primeiro que deve ser percebido, o que nem sempre acontece, porque os valores que a compõem na essência, ou às vezes por serem apenas inconscientes, escapam mais facilmente à percepção quantitativa, ou material... as ondas que se percebem com mais facilidade do que a profundidade do oceano...

Quando, no entanto, se levanta a memória de que ainda há poucos séculos a escravidão era uma marca institucionalizada, como era a sociedade de castas de toda espécie, que negava, ou desconhecia qualquer condição de dignidade, como direito essencial de todos os que pertencem à espécie humana, ou talvez de toda criatura, e que nesse século essa dignidade, expressa essencialmente nos direitos humanos, já se tornou uma consciência global, quando se levanta essa memória, dizia, se pode ver a dimensão do passo alcançado: os direitos humanos como direito natural e mandamento universal que se estende a todos os seres humanos, ou a toda criatura.

Sei que na prática, nem em sua extensão nem em sua universalidade, os direitos humanos, ou a dignidade de toda criatura, são respeitados e promovidos. Mas essa resistência não lhe retira a dimensão, ao contrário, tanto mais reforça as exigências unânimes e o clamor universal da Massa de Consciência e o caminho ainda a ser percorrido, na consciência de que a luta pelo bem há de acontecer enquanto existir a espécie humana, que este é o significado e a dimensão da própria Mensagem: *eu estarei convosco todos os dias até o fim dos tempos.* (Mateus 28, 20).

Outro fato, que a história, a sociologia, ou a simples observação das coisas que acontecem a cada dia, visível até nas mídias, embora nem sempre explícitas em seu significado, nos mostram: os avanços da Massa de Consciência.

Em passado ainda recente, as pessoas, as massas iam às ruas para exigir vingança, contra pessoas e contra quaisquer outros grupos, ou exigir a guerra contra outras nações, outros povos, outros regimes, outros países e, é verdade, ainda existam resquícios dessas atitudes em várias partes do mundo.

No entanto, hoje, a mesma mídia nos mostra que, em outras partes ou na quase totalidades do mundo, e em frequência cada vez maior, pessoas e massas vão às ruas para rejeitar tuto o que atente à dignidade humana e para exigir a convivência entre os povos, entre as raças, os regimes e as ideologias, enfim, para exigir a paz....

Quando o atual Papa Francisco, recém-eleito, visitou o Brasil, viram-se multidões, a mídia e os institutos de pesquisa calcularam como da ordem de mais de 3 milhões de pessoas, reunidas na praia de Copacabana para assistir os rituais religiosos ou ouvir sua palavra de guia supremo da Igreja Católica, ainda que se considere que um número incalculável daquelas pessoas nem pertencessem a mesma fé, ou sequer pertencessem a fé alguma. O que se viu foi a Massa de Consciência presente...buscando as palavras de esperança, o apoio às manifestações de fé e seus valores, a mensagem da Fé.

Pela extrema importância da Massa de Consciência na construção do novo mundo, ou da Civilização amorizada, me detenho mais um pouco nesta reflexão de tanta essencialidade em relação à Mensagem da Redenção.

a) Massa de Consciência e seu significado

A ocorrência da multidão na visita do Papa Francisco pode ser considerada natural numa pais como o Brasil, tido como o país de maior população católica do mundo, mas:

– quando se leva em conta que em sua visita às Filipinas, de população católica minoritária, igualmente milhões de pessoas se reuniram para a mesma visita, vindas de 32 países, de religiões as mais diversificadas, do budismo, do islamismo, do hinduísmo, ou de religião nenhuma...

– quando se pensa, em contraste, em quantos milhões de pessoas foram mortas por causa da religião que professaram, e residualmente, quantas ainda morrem por causa de resquícios que sobrevivem de tais conflitos, apesar na rejeição internacional e de segmentos esclarecidos das próprias crenças, ideologias ou culturas, que condenam tais resquícios do passado que teimam em se repetir no presente...

– quando se pensa em quantos líderes, instituições ou comunidades religiosas procuram formalmente num movimento global de ecumenismo viver em harmonia e respeito mútuo, na diversidade de crenças e formas religiosas, num significativo movimento em favor da paz, da solidariedade entre ideologias, raças, opções individuais ou entre comunidades, povos, origens, etc. a religião, ou as mais diversas formas de crenças tornadas laço de união e solidariedade evidenciando a riqueza da diversidade e da união...

– e ainda, quando se pode pensar que neste contexto de busca e de convivência - *para que todos sejam um*, não se pode deixar de registrar mensagens, que podem ser consideradas verdadeiras preces na angustia do não encontro, tais como "*faça amor não faça guerra*".

Como surgiu essa prece, as circunstâncias evidenciam que mesmo em seu desesperado caminho, uma geração desesperada, demonstra ao mundo a ânsia de amar de todos os povos, de todas as gerações, nesta sociedade complexa e confusa, mutante, transformada e transformadora...

Enfim, quando se percebe que nações têm-se movido institucionalmente para aproximar-se entre si e aproximar seus povos, resolver eventuais disputas ou interesses pacificamente e conviver na multiplicidade das formas de participação, solidariedade e paz ao invés da guerra; quando se pensa em tudo isso, basta abrir os olhos e ver o caminho andado para, tomando consciência de que muito ainda falta andar e ser capaz de continuar andando, na certeza, mais do que apenas na esperança, de que fazer o que falta ser feito é possível; e, por causa desta certeza, dar mais um passo e assim... de passo em passo...

b) No caminho da Unidade

No entanto, além de percorrer passo a passo um caminho individual na busca do Amor, ou de assumir uma responsabilidade de contribuir na construção de uma nova Civilização amorizada, participativa e solidária, é possível assumir que este não é apenas um sonho, uma exigência, moral ou uma visão religiosa dos processos humanos. Trata-se, na verdade, de construir a sobrevivência da própria espécie humana e do meio em que ela habita, especialmente conscientes de que se chegou a uma etapa da evolução na qual a espécie humana desenvolveu instrumentos e formas de comportamento que podem levar a sua própria destruição ou, ao contrário, a níveis sequer imaginados de vida e de convivência humana.

Se essas ameaças existem, e existem, tanto mais necessário se torna perceber que, além da força em crescimento da Massa de Consciência, existem iniciativas que atuam no rumo da cooperação, da solidariedade, da convivência harmônica, enfim, da Paz e do Amor, abrindo os olhos para seu significado transcendental, dimensão geralmente não percebida nem por elas mesmas, as iniciativas e seus iniciadores.

Quero, inicialmente, citar, duas instituições de dimensão global, ao lado de milhares de Instituições públicas e comunitárias, que se dedicam a difundir a construção da unidade na diversidade, ou no rumo da Civilização amorizada, conforme se queira interpretar.

Creio que esta percepção implica em dar a essas Instituições além de uma dimensão política, ou social, uma dimensão ética, humana, ou civilizatória, da dimensão dos Planos do Criador para suas criaturas... É necessário perceber, e afirmar, que uma sociedade, ou uma Civilização de acordo com os valores da Mensagem do Redentor, faz parte do próprio projeto da Criação e sua evolução...é preciso perceber! Reafirmo.

Para que sejam percebidas essas dimensões, cito primeiramente a Organização das Nações Unidas (ONU) que, com as dificuldades inerentes aos processos sociais complexos e inovadores, congrega os 193 Estados nacionais num foro global de debate dos problemas mundiais, de diálogo e de articulação entre as Nações, promovendo e apoiando ações de cooperação internacional, mediando conflitos, defendendo os Direitos Humanos, atuando através de organismos que influenciam nas áreas políticas, econômicas, culturais, financeiras, de produção e de negócios, em favor da paz, de maior equidade e justiça entre as Nações, além de outras ações voltadas ao que chamei de unidade na diversidade.

Sei que, de um lado, seus objetivos estão mais avançados do que as realidades de seus membros, o que os relativiza...mas é um passo e, de passo em passo... Assim penso porque para mim é evidente, e creio que é absolutamente verdade, que os objetivos da ONU, são valores sintonizados com os valores da Mensagem redentora ou com o Plano do Criador para suas criaturas, tendo, portanto, uma dimensão muito maior que uma simples instituição de ordem política ou de interesses materiais, nacionais, internacionais ou de qualquer outra espécie.

O grande obstáculo da ONU, nesta percepção e neste contexto, é que ela existe e tem de atuar numa sociedade, cujos membros são organizados, vivem e atuam ainda de acordo com os princípios que organizaram a Civilização da primeira chamada revolução industrial, ou do capitalismo financeiro, ou no outro lado, da proposta socialista. Enquanto isto a Ciência e a Tecnologia mudaram o mundo. Falta, das instituições um passo de igual tamanho, mais um passo...à frente.

No entanto não há sinais, de que a ONU possa libertar-se dos interesses que a condicionam, posicionando-se no rumo das transformações trazidas pelos avanços da Ciência e da Tecnologia e dos valores da Massa de Consciência na organização e no relacionamento entre as Nações ou, tanto mais, na perspectiva proposta, de uma sociedade participativa e solidária ou, mais ainda, de uma Civilização amorizada...e, retornando à visão da minha Fé, no caminho de Retorno da Criatura ao Criador.

Este seria mais que um passo. Seria uma caminhada, uma virada civilizatória. De toda forma, considero absolutamente válido e talvez necessário, afirmar a ONU como um elo de ligação na superação de tantas barbáries e no rumo da nova sociedade, da nova Cultura ou da nova Civilização, esta que chamo amorizada, chamado da espécie humana, especialmente se considerados os valores que ela, a ONU, representa.

Refiro-me, em seguida, à União Europeia, UE, uma instituição que deve ser vista e entendida na mesma dimensão e significado, por ser pioneira de um modelo exemplar de integração social, política e econômica, integrando 27

Nações do Continente Europeu. Essas mesmas Nações, na primeira metade do século passado, engalfinharam-se em duas guerras mundiais que resultaram em mais de 100 milhões de mortos, sem contar os índices incalculáveis de destruição física e social causados a seus próprios países e a países no mundo todo. Esses dolorosos eventos evidenciaram as consequências trágicas de opções equivocadas, fruto da competição e dos conflitos nas relações entre os povos ou entre os Estados e Nações. Mas seguramente serviram também para acordaram as consciências para a importância do relacionamento harmonioso e cooperativo entre os povos e as organizações sociais, ou uma nova Consciência entre as pessoas, gerando uma nova forma de convivência humana, também no rumo da superação da barbárie e da construção de uma Civilização amorizada ou, em referência à minha fé, no rumo do retorno da espécie humana a seu Criador.

Exceções, no entanto, continuam existindo no mundo, sofrendo conflitos localizados, como os que decorreram dos rearranjos que se seguiram à queda da União Soviética, bem como outros conflitos residuais dos antigos ou dos atuais colonialismos ou, ainda, causados por disputas localizadas de caráter ideológico, racial, cultural ou religioso, mas nenhum outro conflito teve proporções sequer comparáveis aos conflitos citados, acontecidos antes da formação da UE e da ONU.

No caso da União Europeia, é, ainda, importante perceber significativos programas de apoio aos países mais pobres bem como outras decisões comuns sobre questões que antes teriam levado a novos conflitos, enquanto os habitantes de cada país, que passaram a ter a cidadania supra nacional, tiveram mais ampla liberdade de circulação, trocas culturais e de outros encontros, numa evolução, continua da convivência humana, derrubando fronteiras e muros que separavam e em favor da mesma Consciência universal, da libertação e da liberdade no rumo, repito mais uma vez, da Civilização humanizada, cooperativa, participativa, enfim, amorizada.

No entanto, programas de apoio e cooperação estão sendo devidos ainda principalmente a países africanos e a outras Regiões deprimidas do Planeta, frequentemente consequência do domínio ou da exploração dos países que acumularam e continuam acumulando a riqueza do mundo, não apenas países da União Europeia, mas dos novos colonizadores do capitalismo, seja estatal ou corporativo, que produzem e mantém regimes de concentração e de exclusão que se fortalecem com o monopólio dos avanços da Ciência e da Tecnologia.

É preciso registrar, com a veemência necessária, que essa nova forma de exploração, é a mesma que ocorria no passado pela ocupação territorial e predação dos recursos dos territórios explorados. Hoje essa mesma exploração continua ocorrendo através dos sistemas de concentração que dominam o mundo, cujas origens e cujos métodos são questões que ainda não foram colocadas ao julgamento da história, inclusive a sustentabilidade da Civilização. Mas, se não ocorrer em tempo hábil a transformação necessária essa denúncia acontecerá, não haja dúvida.

Além desses avanços na ordem social no rumo da transformação é preciso citar ainda a consciência universal que cresce, para além das culturas ou do tipo de civilização em que ainda vivemos, em favor da ecologia ou da preservação da Terra, especialmente de seus recursos naturais ameaçados, no momento em que a humanidade desenvolveu instrumentos capazes de destruir o Planeta, suas águas, seu clima, sua fertilidade, sua atmosfera e ameaça levar a poluição e a destruição ao espaço, como já foi alertado em outro momento...

É preciso pôr à consciência do mundo uma reflexão em profundidade, coragem e verdade, sobre a preservação do Planeta, e sobre a sustentabilidade desta civilização que o destrói.

Este é um grito da espécie humana em evolução - projeto do Criador, a evolução, a que têm de responder as lideranças políticas, econômicas, religiosas, ou de qualquer outra ordem.

Esse grito a de se tornar a cada dia mais forte, na medida em que a questão for colocada na dimensão da fé, e nesta perspectiva é necessário ir além, e pensar na sobrevivência do universo e de tudo o que nele existe, admirável criatura de Deus, o Criador, entregue ao homem para que de tudo cuidasse e para que completasse sua obra.

No entanto, quero alertar sobre a ameaças de retrocesso dos passos caminhados. Sobre os exemplos citados, especialmente sobre a União Europeia, é preciso estar atento sobre propostas, movimentos ou objetivos, que pretendem o retorno às antigas querelas nacionalistas, inclusive o retorno à competição entre interesses de toda ordem, inclusive entre resquícios de antigos privilégios que ainda sobrevivem. Isto significa também a ameaça de buscar, simplesmente, a transformação da Instituição em um bloco cuja atenção essencial se volte à competição com outros países ou com outros blocos.

Se isso acontecesse, a União Europeia e outras instituições que seguissem o mesmo rumo, deixariam de ser o passo adiante que representam, no rumo de uma organização participativa e solidaria, ou de uma civilização amorizada.

Como quando me referi à ONU, quero dizer que a UE e seu modelo de organização e relacionamento tem, igualmente, uma dimensão muito maior que a pequena dimensão conjuntural ou de interesses eventuais, para assumir uma dimensão civilizatória, na dimensão da construção de um nova Civilização, como disse, amorizada, ou na visão da fé, repito, de retorno da espécie humana ao Criador.

Mas para que a Civilização humana globalizada assuma essa dimensão, é necessário fortalecer a Massa de Consciência, conscientizando-a da urgência de recriar toda a organização política, econômica e social transformando em conteúdo, essência e forma, a atual civilização competitiva, concentradora e excludente, para torná-la participativa e solidária, ou seja, amortizada, repito. Globalmente amorizada, repito e complemento.

Esta é a civilização definida pelo livro que já referi, *Participação e Solidariedade* e, especialmente, por sua síntese, *A PROPOSTA*, que, como disse anteriormente, para minha surpresa, através de outras fontes e de outros métodos, com outras palavras chegou a essa mesma conclusão: a necessidade e a urgência de construir no amor, a nova Civilização a Civilização da era pós tecnológica.

Sob a visão da fé, que é a perspectiva deste livro, só essa transformação há de complementar a busca por uma coerência plena entre a organização da espécie humana e seu funcionamento, com a Civilização redimida pelo Redentor, em meio às transformações trazidas pelos avanços da Ciência e da Tecnologia.

Em complementação quero registrar que, por terem sido citados, não é só a União Europeia ou a ONU e seus organismos que, consciente ou inconscientemente, são parte desses projetos, da Criação e da Redenção.

Outras iniciativas, instituições ou manifestações, se posicionam neste mesmo caminho: a abertura da Igreja Católica e de outras Igrejas para viverem em união ecumênica;

o repúdio à guerra, aos racismos e a outras formas de desrespeito aos direitos humanos; o multilateralismo nas relações entre as Nações e a convivência harmônica na diversidade de pessoas ou de culturas; o pluralismo e a ajuda desinteressada de instituições como Médicos sem Fronteiras ou, os esforços para diminuir o excesso de desigualdades, para que se chegue efetivamente a uma justiça distributiva, enfim, a defesa e o cultivo da liberdade. Esses são todos sinais de que o essencial da Mensagem do Redentor, de forma direta ou indireta, consciente ou inconscientemente, constitui parte essencial da construção de uma nova formatação, ou de uma nova organização e forma de convivência da espécie humana, ou da nova etapa da Civilização.

É este conjunto de instituições e de manifestações que nos indicam e nos dão, como tenho dito, mais que a esperança, a certeza de que, apesar dos tropeços, estamos vivendo, na história, um fértil momento do projeto divino da Criação e do projeto Redentor de retorno da espécie humana ao Amor, Alfa e Ômega de todo esse Mistério maravilhoso no qual nos coube, espécie humana, ser a Consciência.

3.6. O regresso da criatura ao Criador e o destino final do Universo

Diante deste momento fértil do processo da espécie humana em evolução a caminho de uma Civilização amorizada, um passo a mais no Projeto do Criador para suas criaturas, momento em que o imenso universo está sendo penetrado, até os limites matematicamente imagináveis, e da matéria, penetrada até as últimas cadeias que a constituem, ao término dessas reflexões sobre as razões da minha fé, consideradas essas razões, dentro de minhas limitações referentes às ciências experimentais, complementadas pela lógica da filosofia e iluminadas pelas interpretações da teologia, e face, enfim, ao supremo Mistério da Revelação, retorno à questão inicial e sua parte nos Mistérios de tudo: para onde vai a pessoa humana e sua espécie, e para onde vai o universo e toda a Criação?

O que vemos, o que podemos analisar, na história da evolução, independentemente da aceitação ou não da fé, tudo nos permite dizer que a espécie humana e a civilização caminham no rumo da superação da dependência às realidades puramente materiais, buscando o rumo da prevalência da espiritualização da matéria, ou da prevalência do espírito, ou da Consciência e seu atributos, sobre a matéria e seu uso. Em consequência, me permito dizer que toda a Criatura, junto à espécie humana, avança no caminho de sua própria evolução e da evolução de sua organização, ou seja, das pessoas, de sua Consciência e de suas formas de relacionamentos, na direção do Amor.

Enfim, que o Criador, que quis fazer a espécie humana *à sua imagem e semelhança*, quis também, que através dessa espécie, todo o universo a ela entregue (ou teria entregue somente uma parte do Universo, o Planeta Terra, ou o Sistema...) fosse levado de retorno ao Alfa, o Amor do início de tudo, através do Ômega que com ele se identifica, o Amor da chegada.

Esta visão faz parte essencial das razões de minha fé e, no meu entendimento, a torna perfeitamente harmônica com a Ciência experimental, ao menos a que está a meu alcance, com a lógica da filosofia, as interpretações da teologia e a Revelação.

Esse retorno à prevalência da Consciência, ou do Espírito, na espécie humana, apesar do Mistério que se encontra em tudo quando, além da superfície, se buscam as essências, se torna mais compreensível, considerando-se que a espécie foi criada já possuindo em si aquela "*imagem e semelhança*" de seu Criador.

Sim, a espécie humana e seus Mistérios essenciais, mas e o Universo?

Concluo com uma reflexão final sobre esses dois Mistérios, o da Espécie Humana e o do Universo significando, pois, toda a Criação:

– admitindo que a espécie humana foi criada quando o Criador soprou, na matéria adequadamente preparada ou evoluída, algo à *sua imagem e semelhança*, isto é, algo semelhante a si mesmo, a seus atributos, dentre os quais o Espírito ou a Consciência...

– admitindo que o dom da Consciência constitui o próprio dom do Espirito à espécie humana e, assim sendo, a Consciência é, por natureza, essencialmente diferente da matéria, pois não tem forma, peso, massa e, consequentemente, não há como possa morrer, ou em outras palavras, considerando que a Consciência é por natureza imortal...

– torna-se imperativo concluir que a imortalidade na espécie humana se impõe desde o momento em que ela foi criada *com algo à semelhança e à imagem do Criador*, chame-se Espírito, Alma, ou Consciência.

Mostra uma enorme verdade, portanto, o ofício dos mortos quando diz que a vida não é tirada, mas transformada: *Vita mutatur, non tolitur.* Isto significa que a morte, na verdade, é a libertação da Consciência, ou da Alma, ou seja, d*a imagem e semelhança*, apesar de sua unidade essencial com a matéria. Este pode ser o trauma da morte, a separação do Espírito, grande Mistério, aliás, a parte mínima do grande Mistério, que alcança sua real dimensão quando se conecta com a ressurreição integral da espécie humana, o que impõe a ressurreição, de alguma forma, da própria matéria, para que se preserve integralidade da pessoa.

Se o Espírito, a Alma, ou a Consciência, é imortal, não há o que ressuscitar nela, pois ela não morre. Ela se liberta. Mas há de se ressuscitar nela sua integralidade. A lógica, porém, nos permite uma referência à morte e ressurreição do Redentor, que exclamou em sua agonia "*Pai em tuas mãos entrego o meu espírito*" (Lucas, 23-46) enquanto seu corpo descia para ser sepultado como o corpo de qualquer criatura, embora em seu caso tenha sido sepultado, na perspectiva de sua divina Natureza e do Plano Redentor, para ressuscitar ao terceiro dia.

A imagem, creio plenamente aplicável, na primeira parte-o Espírito, a Alma, ou a Consciência das criaturas libertadas da matéria, retornando ao seio de seu Criador, o céu, ou não retornando e o não retornar significaria a frustração da existência, o inferno!

Mas, e a matéria, abandonada pelo Espírito? O corpo do Redentor ressuscitou, igualmente, no terceiro dia e há o testemunho de todos os evangelhos sobre sua Ressurreição, e sua "*ascensão ao céu*", que significa, no caso dele, ter voltado ao Ser de sua divindade, portanto à sua plena identidade essencial.

No entanto, em princípio, parece que a alma humana, a Consciência ou o Espírito, separado da matéria, do corpo, não estaria completo, pois perderia sua identidade de pessoa humana. A não ser que encontre sua plenitude em Deus, apesar de sua incompletude.

Mas como acontecerá a ressurreição do corpo, destruído pelo abandono da vida e do Espírito, como ressuscitará o corpo? Seguramente a ressurreição dos corpos, não será a matéria, quero dizer, ao menos a mesma matéria...

Aí resta mais um Mistério final a ser respondido pela teologia, ou, além das respostas humanas, mantido entre os Mistérios do Criador, revelado ou não e, entre os homens, objeto da fé. Da Fé absoluta.

Já vimos o caso de Lázaro ou do filho da viúva de Naim ou da filha de Jairo. Mas eles foram ressuscitados para continuar vivendo sua vida neste mundo, o que não é o caso da ressurreição da espécie humana.

Em relação ao Universo, permanece também o Mistério, referente à duração ou ao fim da matéria, da massa, da forma, do tempo e do espaço, de que é feito o universo.

Parece que nada se opõe a que, pelo poder do Criador, a matéria possa ser mantida indefinidamente, uso a palavra indefinidamente ao invés de eternamente e, guardadas as proporções, os cientistas concluirão, ou imaginarão, como têm proposto, formas de perenidade ou da sucessão de universos, da expansão, da concentração e do recomeço. No entanto, o Mistério permanece e está além do homem, além da fé, referente à duração da matéria e, por ora, permanece no domínio da especulação da ciência experimental.

Não. Não sabemos tudo. Mas seguramente podemos afirmar que o universo não haverá de ser uma máquina imensa que gira sem sentido, um imenso mecanismo de relógio que já não marca horas, ou que se imobiliza em sua dimensão, sem vida e sem movimento. Não vejo, pois, que possa haver respostas a tudo, da Ciência experimental, da Filosofia e da Teologia, restando apenas a Revelação ou a Fé.

No entanto é preciso afirmar que, sendo a espécie humana a única a quem o Criador, tendo dado a Consciência *quando quis fazê-la à sua imagem e semelhança* e a tendo amado tanto que criou um Projeto Redentor para redimi-la em suas quedas e fortalecê-la no uso *de sua imagem e semelhança* e, enfim, tendo feito para ela, a imensidão do Universo, se impõe afirmar que não há como não se pôr de joelhos em respeito à grandeza, à dignidade e à responsabilidade da Espécie Humana, e de cada Pessoa, individualmente, pois que cabe a ela, a cada pessoa, dar sentido e alma a toda a Criação. De outro lado, mostra também a enormidade do pecado, ou do crime, de qualquer forma de desrespeito que seja cometido contra a Espécie Humana ou contra qualquer Pessoa.

Mas, se houver outras espécies de seres conscientes nesse imenso Universo, e é possível que haja, então tanto mais, no estágio e no lugar em que estamos, o Universo seria, para a espécie humana, um Mistério absolutamente impenetrável, pois a espécie humana seria reduzida a seu pequeno mundo e talvez absurdamente envolvida nas guerras entre os mundos, o que apenas tem sido, até agora julgado como ficção, como foram julgadas tantas outras coisas antes que acontecessem...Mas como seria, neste caso, toda a história da Criação, de sua Consciência, a espécie humana, pressuposto da liberdade e, em consequência, de sua Redenção?

Tudo teria de ser repensado, do ponto zero, mesmo que a astrofísica alcançasse além dos limites desse pequeno mundo, a química fina desvendasse os últimos segredos da matéria e a biologia genética ultrapassasse os mistérios além das cadeias do DNA e do RDA trazendo novas questões de dimensão imensa para a vida e a convivência humana, a moral, a ética, o direito ou, enfim, ampliando os Mistérios humanos, o Mistério de tudo.

Mais do que nunca, nesse imenso Mistério, à espécie humana só poderá restar a Fé.

No entanto, seja qual for o avanço na busca, além desse imenso Mistério, há de permanecer, ainda, o Mistério essencial, e é por isto que, igualmente, nesse além essencial, só há de ter sentido e lugar a Fé essencial, limitados que fomos pela matéria como nos quis fazer o Criador.

O Criador, sobre quem se referia a sabedoria de Santo Tomás de Aquino, afirmando que, em relação a Deus melhor podemos entendê-lo *pelo que Ele não é do que pelo que Ele é.*

O que Ele é, saberemos em nosso retorno a Ele. Por ora, por causa dos Mistérios, permanece a Fé, e a Fé nos dá a segurança de que haveremos de chegar um dia à plenitude da Revelação.

Osvaldo Della Giustina

DE MEU RETIRO NA VILLA AURORA,
NO ANO DE 2020/2022

Composto em FreightText Pro pela
Officio para a Editora Almedina Brasil.
Ilha de Santa Catarina, outubro de 2022.